发现另一个深圳

深圳78街『全景画像』 福田

本书编委会◎编

深圳出版社

图书在版编目（CIP）数据

发现另一个深圳 : 深圳 78 街"全景画像". 福田 / 本书编委会编 . -- 深圳 : 深圳出版社 , 2025. 1.

ISBN 978-7-5507-4215-4

Ⅰ . K926.53

中国国家版本馆 CIP 数据核字第 2024Q1J224 号

发现另一个深圳： 深圳 78 街"全景画像"（福田）

FAXIAN LINGYIGE SHENZHEN: SHENZHEN 78 JIE "QUANJING HUAXIANG" (FU TIAN)

出 品 人　聂雄前

封面题字　欧阳明钰

责任编辑　甘思蓉　易晴云

责任校对　李　想

责任技编　郑　欢

装帧设计　字在轩

出版发行　深圳出版社

地　　址　深圳市彩田南路海天综合大厦 （518033）

网　　址　www.htph.com.cn

订购电话　0755-83460239（邮购、团购）

设计制作　深圳市字在轩文化科技有限公司

印　　刷　中华商务联合印刷（广东）有限公司

开　　本　889mm×1194mm　1/32

印　　张　8.5

字　　数　155 千字

版　　次　2025 年 1 月第 1 版

印　　次　2025 年 1 月第 1 次

定　　价　78.00 元

历史的记录　未来的出发

　　城市是文化的容器，文化是城市的灵魂，也是城市发展的动力之源。千人千面，一城万象。老街旧巷、青砖黛瓦，写满岁月悠长；车水马龙、天际地标，诉说都市繁华；碧海蓝天、绿树红花，描绘怡人风光；美食民俗、非遗匠心，飘扬人间烟火；硬核科技、智慧生活，点亮未来道路。从文化社区到文化街区再到文化城区，无数微观、中观、宏观景象不断集成融合，造就了城市文化的全貌拼图，回首历史，着眼当下，望向未来。

　　在我看来，文化城市构建的核心是以人为本。城市是人的城市，文化城市要满足人们对精神世界的追求。它不是简单地将文化元素堆砌，而是让文化如水般渗透到居民生活的方方面面。每一处街头巷尾、每一个社区公园、每一座公共建筑，都应该成为文化的载体，能唤起人们内心深处对本土文化的认同感和归属感，同时也能激发对多元文化的包容与欣赏。

　　深圳，这颗镶嵌在南海之滨的璀璨明珠，是改革开放后党和人民一手缔造的崭新城市，是中国特色社会主义在一张白纸上的精彩演绎。奇迹之城、创新之城、未来之城，是对深圳最宏观的定义;"时间就是金钱、效率就是生命""敢闯敢试、敢为人先、埋头苦干"浓缩的是深圳锐意进取的时代精神;商周古墓、南头古城、大鹏所城印刻了深圳的千年历史;华为、比亚迪、大疆、腾讯是深圳经济浪潮的璀璨星光。如果用一个橱窗来展示深圳的城市文化,那么它们都是最有代表性的展品,吸引着八方来客。但深圳的文化魅力远不止于此。

纵观我国的行政区划,街道是最小的行政单元,市民群众幸福生活的起始点和落脚点都在街道。街道更是鲜活的史书,是城市文化记忆的参与者、记录者和见证者。在深圳的 78 个街道中,大家想必都听说过"宇宙最牛街道"——深圳南山区粤海街道,好奇一个小小的街道,是怎么驱动科技创新和经济发展巨轮的。只有走遍 78 个街道,才能尽览城市风光、感受城市魅力,充分探究深圳的城市文化,发现和媒体宣传、刻板印象中都不一样的深圳。

深圳倾力推出的《发现另一个深圳:深圳 78 街"全景画像"》,汇集了 78 幅"街道画像",以具有镜头感、叙事感的语言风格,不拘形式,全方位展现各街道的形象。在书的每一页,你都能感受到深圳的城市脉动:登上莲花山俯瞰中央商务区华灯璀璨,在水贝黄金珠宝交易市场目不暇接,沿着大小梅沙的海岸线踏浪前行,仰望大疆天空之城"打卡"科技地标,坐上湾区之光摩天轮一览湾区美景,漫步甘坑古镇体验客家文化,游览大浪时尚小镇看尽服装时尚风潮,在比亚迪六角大楼领略新能源汽车领军企业的风采，前往光明农场大观园挤牛奶、品乳鸽、啃玉米，瞻仰广东省临委和东江纵队遗址回顾革命年代的峥嵘岁月，登上另一座莲花山俯瞰深圳再造一座新城的蓬勃气象。

文明如水，润物无声；岁月如梭，磨砺生辉。在深圳这座年轻而又充满活力的城市中，街道不仅连接着城市的各个角落，更连接着深圳的过去与未来。这本街道版的"四库全书"，不仅丰富了深圳的文化符号，更打开了了解深圳的另一扇窗，让更多的人看见街道，为开展招商引资、发展文旅产业、传承历史文化等工作提供资料参考，也让世界认识到深圳改革开放历史文化名城的特殊价值和无穷魅力。

历史是城市的记忆，文化是城市的灵魂。守护城市的历史文化，就是守护城市的生命力。放眼未来，期待深圳在新时代书写更多属于自己的人类文明新形态。

故宫博物院学术委员会主任
中国文物学会专家委员会主任

186
莲花山下续写"春天的故事"
莲花街道

⑤

104
蝶变五彩梅林　闪耀数字智谷
梅林街道

160
园为友兮山为邻
香蜜湖畔金融芯
香蜜湖街道

⑦

④

080
红树湾畔　时尚城区
沙头街道

福田区
10 街道"全景画像"

目录
CONTENTS

发现
另一个
深圳

深圳78街
全景画像

10街道『全景画像』

福田区

园岭街道
Yuanling Subdistrict

"北部八卦岭，西部白沙岭，南部通新岭，中偏东部是红岭"，一列列圆圆的山坡，站成了你的名字——园岭。波澜壮阔 40 余载，芳华岁月如歌，南海之滨曾经起伏的丘陵和荒滩秃岭，蜕变为高楼林立的"奇迹之城"——深圳。早期的园岭是深圳市委办公的地方，正是依托着市委，一批拓荒者在园岭建立了最初的栖息地。深圳作为市场经济的前沿地带，不仅有了市，也有了城，有了家。

要想真正读懂深圳，就要讲好园岭的故事：

     要讲深圳第一批南下"拓荒牛"基建工程兵安居的园岭新村；要讲特区建立后建成的第一所公立中学——红岭中学，以及后来日渐发展成为全市教育高地的"百花片区"；要讲走出众多知名企业的八卦岭工业区；要讲百花儿童友好街区、上步绿廊公园……

     1983 年 11 月，园岭街道办事处经深圳市人民政府批准正式成立。2009年 7 月，根据上级部署，园岭街道行政区域的范围作了调整，荔枝公园片区、通新岭住宅区、上步工业区等被划分至新成立的华强北街道。调整后，园岭街道面积约 3.03 平方千米，东起红岭路，西至华强北路，南抵红荔路，北达泥岗西路，下辖园东、红荔、南天、长城、鹏盛、上林、华林 7 个社区，有住宅小区 43 个，截至 2023 年底，常住人口约 9.75 万人。

活力乐园 幸福智岭

园岭街道

园岭街道位置示意图

与特区共成长的逐梦园岭

　　园岭街道，深圳最早成立的街道之一，自改革开放的大潮中诞生，沐浴改革开放的阳光雨露成长，见证了深圳从贫穷落后的边陲小镇到繁华美丽的现代化大都市的巨变。它的发展，是深圳改革开放以来实现历史性变革和取得伟大成就的精彩缩影和生动反映。时光见证成长，园岭不断逐梦、历久弥新，成为一个宜学、宜居、宜业的理想之地，展现出无限的活力和光明的前景。

深圳社区记忆的文化 IP。这里既有特区早期建成的大型住宅区——园岭新村片区，又有一批大型工业区——上步工业区、八卦岭工业区，吸引了大量南下追梦人和建设者。40 多年过去，八卦岭工业区以及园岭新村厚重的岁月痕迹，都见证了深圳这座城市的发展。如今，这一片风景犹在，老园岭人的记忆永存，这里承载着他们生活、学习、工作、追梦的故事。他们将这些故事

园岭记忆相关书籍

汇集成了《园岭叙事》《园岭家事》《八卦岭》《八卦岭之春》等多部文学和摄影作品，为每一位守望与传承那一抹浓浓的故土乡愁和那一段绚烂的地域文化的园岭人提供了精神土壤。

历经辖区区划的不断调整，如今的园岭街道辖区划分为白沙岭、园岭新村、八卦岭三大片区。"三岭"地域格局各具特色，共同勾勒出今天的园岭模样。

"优"学基地——白沙岭宜学片区。白沙岭片区通常也被叫作"百花片区"，辖区内有深圳实验学校、深圳艺术学校、百花小学、荔园小学等 11 所省重点学校，是深圳大名鼎鼎的学区"天花板"。虽然这里的住宅都较为老旧，但是对有小孩的家庭来说依然具有难以抵御的吸引力。深圳市体育中心也毗邻百花片区，共同构成了教育、体育的双高地。

"乐"居宝地——园岭新村宜居片区。园岭新村是深圳早期建成的最大的福利房小区之一，拥有 112 栋住宅楼，全部参照当时的国际标准统一规划。园岭新村一楼的连廊架构设计，非常新潮，成为当时深圳的一大特色景观。在 20 世纪 90 年代，高层住宅还是"稀罕物"，彼时园岭已建成了园东花园、园中花园等 30 层左右的高层住宅。放眼望去，园岭新村片区几乎是清一色的新式住宅。这里的居民，大多是深圳早期的"拓荒牛"，有转业的基建工程兵及其家属，有特区最早一批文化、医疗、教育系统的职工等。如今，走在园岭新村交错的廊道里，阳光透过树梢洒在斑驳的墙面上，绚烂的光影在恬静中不断跃动，仿佛诉说着这一片的不凡岁月；放学的小孩、散步的老人、健身的大叔、送外卖的骑手小哥，还有从庭院里探出头来的三角梅和鸡蛋花，清风徐徐，到处都洋溢着惬意的生活气息；园岭新村也被冠以"咖啡村"的美誉，30 余家咖啡店分布在片区各个角落，浓厚的"文艺范儿"让这个老街区更添韵味。相比于深圳随处可见的繁华喧嚣，这里更像是适合放空的一方天地，散发出一种特别的"松弛感"，宜居氛围直线拉满。

"兴"业福地——八卦岭宜业片区。 八卦岭工业区是深圳经济特区建立以后最早规划的工业园区之一，前身为 1982 年 11 月开工的鹏基工业区。1986 年，八卦岭工业区被深圳市政府确定为 15 个标准加工工业区之一，凭借政策和地理优势，很多电子厂云集八卦岭，后来产业拓展到包装、印刷、服装、餐饮等。至 20 世纪 90 年代初，八卦岭工业区发展达到鼎盛，呈现出早期特区经济产业百花齐放的壮观景象。1986 年，中国激光视唱事业的"开路先锋"先科公司在八卦岭扎根。先科以敢为天下先的胆识和魄力，迈出了我国光盘产业的第一步，开启了我国光盘产业的创业历程，生产出中国第一张 CD、第一台 VCD 机、第一批 DVD 机，最先闯入了激光观盘、唱盘的世界先进行列。"世界看中国，中国有先科"的广告语家喻户晓，先科的成功与发展也得到了党中央、国务院的高度重视和亲切关怀，邓小平、江泽民、李鹏、朱镕基等党和国家领导人曾先后亲临视察。国产电脑先驱者——长城计算机，也抢滩八卦岭，其深圳公司在工业区422栋安家落户，后来发展成为国家微机工业第一个拥有规模化生产能力的开发制造基地。全球著名打印机生产厂家爱普生公司也曾在此投资生产，产业集群效应让大大小小的包装印刷厂云集于此，数量一度超过1000家，成为中国首屈一指的印刷基地。欧柏兰奴、柏诗姬等服装品牌在这里孵化、成长，成为引领深圳女装时尚潮流的先锋，八卦岭也逐渐成为"深派服装"的重要生产基地和销售平台。天南地北的人因工作在此结缘，也带来了五湖四海的美食风味。

在这里，每一道美食、每一口品尝都是对和合包容精神的诠释，碰撞出令人回味无穷的"深圳味道"。早期的八卦岭工业区可谓是生动演绎了产业发展版的"清明上河图"。同时，这里也孕育了一批行业翘楚——"金融巨头"中国平安、大型科技集团创维、知名鞋企百丽、"都市人的厨房"面点王等，它们先后从八卦岭启航，走向五湖四海……

伴随时代发展和产业变革，不少企业先后外迁，如今，历经浮沉的八卦岭，站在历史新起点，正焕发生机。德明利等一批专精特新"小巨人"企业入驻人工智

八卦岭工业区旧貌（上）、新颜（下）对比

兄弟高登产业园城市更新项目效果图

能产业园，初步形成产业集群效应；兄弟高登等城市更新项目推进迅速，64万平方米优质产业空间蓄势待发，一个崭新的八卦岭雏形初现。

文体高地邂逅朝气园岭

深圳市体育中心地处笔架山下，包括"一场两馆一中心"（体育场、体育馆、游泳馆、网羽中心）。1985年12月22日，深圳市体育馆正式开馆，它是当时深圳唯一的体育馆，也是当时全国设备最先进、功能最齐全的现代化场馆，成为深圳首个获得"鲁班奖"的建筑。作为深圳体育当仁不让的"主场"，

深圳市体育中心旧景

发
现
另
一
个
深
圳

深圳 78 街 "全景画像" （福田）

园岭街道

深圳市体育中心改造效果图

深圳市体育中心曾承办深圳经济特区建立二十周年庆祝大会、第八届亚乒赛、中超联赛等重要赛事活动，每年举办100多场赛事和活动，国内众多顶级的明星艺人在这里留下了足迹。在深圳市体工队训练馆建成之前，许多深圳健儿也在这里集训，挥洒汗水。这里有个名为"走向世界"的雕塑，其原型就是在2016年里约奥运会中获得女子20公里竞走金牌的刘虹。当年，她与2012年伦敦奥运会男子20公里竞走冠军陈定就是从这里的跑道一路向前，走向了世界最高领奖台。深圳市体育中心自建成使用到封闭改造，这过去的30余载，承载着深圳市体育文化事业发展的光辉历史。

"老将"归来，华丽变身——深圳文娱新地标。2020年6月，深圳市体育中心正式启动改造提升工程，延续原有"品"字形的城市记忆格局，建设一座集专业竞演、全民健身、公共休闲、文化交流、交通集散等于一体的国际一流体育中心。目前，工程已进入尾声，2025年计划承接第十五届全国运动会的羽毛球、足球、射箭、飞镖比赛和残特奥会闭幕式等。新建的体育馆是国内首座具备"开合屋盖＋可折叠移动式斗屏"于一体的大型综合体育馆，可同时容纳1.5万名观众，能满足篮球、网球、冰球等16项高级别比赛的快速切换，现已投入使用，CBA联赛常规赛、2024中国羽毛球大师赛相继在这

新建的深圳市体育馆

里打响；改建后的体育场取消了跑道，将成为能同时容纳 4.5 万名观众的专业足球场，可举办国际 A 级足球赛事。同时，这里还建设了空中走廊，将体育中心与周边的八卦岭片区、白沙岭片区和网羽中心片区串联起来，市民可通过连廊前往笔架山公园和莲花山公园，形成一条休闲运动带。作为深圳市全民健身之城的地标性建筑，深圳市体育中心改造提升后将焕新归来，继续助力深圳文化体育事业发展。

畅游名校感受善学园岭

深圳实验学校——素质教育先行者。创建于1985年5月的深圳实验学校，作为深圳基础教育改革的"金字招牌"，正是从园岭出发，不断壮大规模，学校不仅形成了从幼儿园、小学到初中、高中的体系，还通过品牌扩张、资源整合，成立了深圳实验教育集团，这也是深圳市教育局批准的第一个公办教育集团，发展至今共有14所成员学校。1984年，已过不惑之年的金式如感受到特区改革激情，毅然辞去上海一所重点中学副校长一职，来到深圳投身特区教育事业。1985年4月，金式

深圳实验学校初中部

如受命负责筹建深圳实验学校，担任深圳实验学校的创校校长。在建校过程中，他所确立和坚持的"健全人格教育"这一核心办学理念，成为深圳实验学校的魂，并代代相传，这也是他对深圳实验学校乃至深圳教育的一大重要贡献。在金式如的主导下，深圳实验学校率先在全市引入了世界领先的STS（科学、技术、社会）教育理念，也是在他的引领下，深圳实验学校的课程探索和建设一直走在深圳前沿，从未止步。

红岭中学——深圳经济特区建立后建成的第一所公办中学。
位于红岭中路园岭九街的红岭中学，创办于1981年，办学之初，初、高中在同一个校区，随着办学规模逐步扩大，2006年高中部迁出，这里就成了现在的园岭初中部校区。这里作为红岭教育集团的发祥地，既奠定了学校优质起步的坚实基础，也成为学校文化的根基所在。如今的红岭中学园岭初中部社团活动丰富多彩：七色光合唱团在2018年受邀与世界著名"维也纳童声合唱团"同台演出；交响乐团2019年赴匈牙利参加国际管乐节获金奖；创客社连续两届在NOC（全国中小学信息技术创新与实践大赛）总决赛中揽获大奖；远岫文学社被评为"全国示范校园文学社团"……2017年，刚从这里毕业的晏劭廷同学凭借作品 *Smart Helix* 获得了素有设计界奥斯卡之称的"德国红点设计大奖"最佳设计奖，开创了青少年在国际性专业工业概念设计奖项上获奖的先例，成为"红点奖"历史上最年轻的最佳设计奖获得者。

园岭教育集团——基于空间连续性的集群式教育集团。 于 2024 年 1 月成立的园岭教育集团，包括园岭小学、百花小学、园岭外国语小学和园岭实验小学。这 4 所成员学校都是伴随着深圳改革开放的浪潮成长的，在多代人的共同努力下，成为深圳人口口相传的名校。园岭教育集团拥有一个独特的优势，就是四校毗邻，空间连续，师生交流更方便，且附近有着丰富的文化和教育资源。这种得天独厚的环境也带来了一种全新的教育资源供给模式，助力园岭教育品牌底色更亮、成色更足。集团各个学校的办学特色和成果得到了中央电视台等众多知名媒体争相报道。

深圳艺术学校——"钢琴之城"的起点。 深圳钢琴艺术的风行，缘起于 1984 年 6 月周扬等 30 多位著名文学艺术家来深圳参观访问时的建议。他们建议深圳创办一个文学艺术中心，起点就是全日制的"飞鹏艺术小学"。1988 年，飞鹏艺术小学升格为深圳艺术学校，扎根园岭。1995 年，深圳艺术学校引进了国内著名钢琴教育家但昭义教授。1996 年 9 月，但教授率学生陈萨参加了在英国利兹举办的第十二届国际钢琴比赛，获得了第四名，这是中国人在这项比赛上首次获奖。此后，深圳艺术学校还培养出张昊辰、左章、薛汀哲等一批又一批杰出的钢琴之星。可以说，这里是深圳"钢琴之城"的起点，深圳艺术学校通过朴素的黑白琴键弹奏出建设"钢琴之城"的动人序曲。

漫步街区体验友好园岭

上步绿廊公园——新晋遛娃宝藏"打卡"地。该公园位于上步路与红荔路路口，沿上步路从南至北绵延3千米，占地超10万平方米，宛如一颗重获新生的翡翠，镶嵌于繁华都市之中。昔日，这里仅是一条隔离绿带，因深圳地铁6号线轨道建设而被暂时遗忘，围挡之内，尘土与寂静交织，显得有些落寞与脏乱。

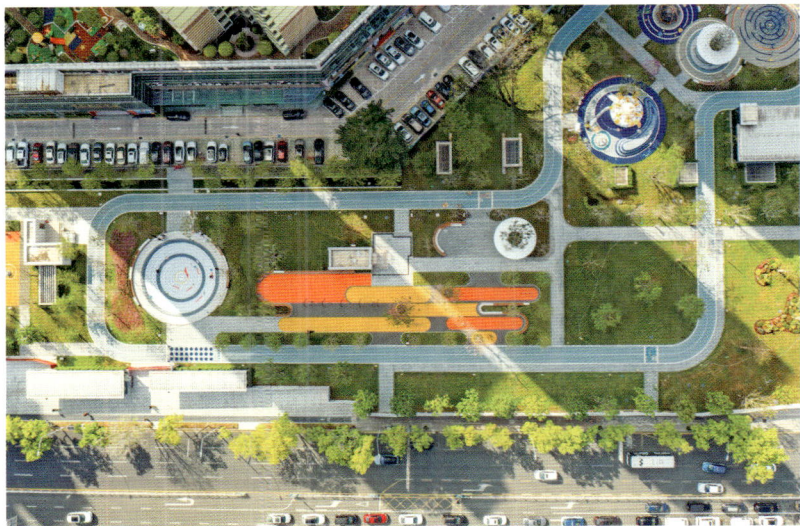

上步绿廊公园

2020 年，在福田区"绿地再生"计划下，约 3 万市民携手共同参与设计，让它重新焕发生机，成为深圳绿意新宠。在这里，适老性设计与儿童友好理念完美融合，每一寸土地都散发着对生命全周期的关怀与尊重。公园内，童趣天真星空园、田园野趣坑溪园、健身康养鹏益园、怀旧温情岩生园、回归自然光岛园五园并立。公园自开放迎客以来，就广受市民热捧，一举成为深圳人新晋玩乐遛娃胜地。上步绿廊公园凭借其卓越的设计理念和出色的实施效果，荣获"2022 年度中国风景园林学会科学技术奖"规划设计一等奖、香港城市设计学会大湾区城市设计优异奖等多项殊荣，成为"全民 + 全龄"友好完整社区的典范。作为深圳的一张"绿色名片"，这里成为中国城市更新与生态文明建设的一个生动注脚。

百花儿童友好街区——"一米高度看世界"的生动实践。 在繁华与自然的交织中，隐匿着一处令人瞩目的童话乐园——百花儿童友好街区。紧邻百花二路及上步路这两条活力动脉，百花儿童友好街区犹如一颗璀璨的明珠，镶嵌在这片充满生机与活力的人文之地，每天都有近万名怀揣梦想的儿童在这里轻盈跃动。走在这条儿童友好街区，你会发现"童趣"无处不在："共建花园"绿色环保，百花农场自成一方少儿绿色天地；"童真涂鸦"创意十足，树上彩绘活泼可爱；"智慧街区"科技满满，彩虹斑马线颜值拉满；"风雨连廊"艺术浪漫，是百花学子自己的"星光大道"……自 2020 年 9 月开街以来，百花儿童友好街区以其独特的魅力，吸引了来自全球 22 个国家的外交使节、联合国儿童基金会和全国各地考察团的目光，成为深圳儿童友好城市建设的一张亮丽名片。

深实验·园岭街道儿童友好党群服务中心——一站式儿童友好服务。 2024 年，园岭街道携手深圳实验学校开展党建共建，依托"教育高地"特点，立足"儿童友好"优势，以 4300 平方米的深圳实验学校综合楼为基础，建设了全国首个街道级儿童友好党群服务中心，为辖区青少年提供一站式儿童友好服务体验。1

深实验·园岭街道儿童友好党群服务中心

楼公共服务空间以"欢乐的童年""流动的人文"和"生长的自然"为设计理念，设置童乐区、自习区、文创区和休闲活动区等区域，形成游戏互动、议事参与、课外活动、家庭教育、健康管理等多元服务体系；2至6楼健全人格教育基地以深圳实验学校40年办学实践为素材，设置历史沿革区、专题教育区、校友风采区，集中展示深圳教育的育人思想及发展历程，并邀请40名院士题字祝福，激励学子志存高远、勤学笃行；7楼少年军校以沉浸式国防教育为规划思路，打造入伍体检室、作战研究室、战地医务室等军校特色场景，利用VR虚拟技术呈现军事演习场景，让爱国拥军的种子在青少年心中生根发芽。

慢调生活品鉴滋味园岭

"物质生活"，在精神会客厅细嗅书香味道。2000年8月，一家名为"物质生活"的书吧在百花二路正式开业，它是深圳早期的独立书店之一。20余载间，来访的文艺名流不计其数，许多文化人把这里当作他们在深圳的基地，白先勇、许鞍华、王小帅等上百位知名文化学者、艺术家、电影人都曾在这里举办讲座，当年在深圳文化人之间还曾流行过一句话，"不在'物质生活'，就在去'物质生活'的路上"。2023 年 7 月，这家坚守近 23 年的书吧因运营成本太高不得已而闭店，但文化记忆不会落幕。2024年底，园岭街道携手深圳实验学校共建的街道级儿童友好党群服务中心与"物质生活'书吧开展深度合作，未来"物质生活"书吧的文化精神将继续在百花二路上延续。

咖香之旅，在园岭咖啡村里品一杯名为"岁月静好"的咖啡。行走在园岭新村和八卦岭工业区，往往几步就能遇到一家独立本土咖啡店。2017 年，八卦岭片区第一家精品咖啡店——安文咖啡在此落户，犹如播下一粒种子。如今，"社区咖啡店"次第花开，在面积仅约 3 平方千米的园岭街道辖区内，70 多家咖啡

园岭咖啡生活地图

店星罗棋布，园岭成为名副其实的"咖啡村"。第20届世界咖啡师大赛中国区冠军得主创立的集福咖啡（GIF COFFEE）第一家店诞生于此，为这片区域增添了浓厚的咖啡文化氛围；硬速咖啡（INSPEED COFFEE）将咖啡茶饮与汽车文化深度融合，在这里可以一边感受速度与激情，一边享受咖啡慢时光。此外，吉食、三尺等独立咖啡馆也在这里生根发芽，有不少客人慕名而来。有声有色的咖啡文化，已不仅存在于其表达方式上，还将融入在这里品过咖啡的每一个人的灵魂里，握在手心的那杯醇香和温暖，足以温柔岁月，更能激发理想与现实的奇遇。

寻味美食，在八卦一路美食街吃遍正宗"老字号"。 这里半条街都是老字号。自1994年开到现在的豪林居，其厨师团队基本都是资深师傅。你能想到的潮汕美食在这里都能找到，生腌、卤味或打冷，都是"胶己人"（潮汕话"自己人"的意思）最熟悉的味道，可以说是深圳人的潮汕食堂。胜记·河鲜渔莊是家喻户晓的老牌粤菜餐厅之一，很多影视明星也慕名"打卡"过，菜单上的每一道菜都经过30多年的千锤百炼，堪称经典，很多菜品还获得过国内外的美食界奖项。啫啫煲就是这里的招牌之一，一个砂锅可以啫一切，食材放于瓦煲中，猛火高温烧焗，汤汁在制作过程中发出的"嗞嗞"（即粤语中的

"啫啫")声,高温撩起的那一股香气惹味勾魂,一尝难忘。28年的佳友·重庆乌江活鱼将川渝的热辣与岭南的温柔结合,辣度刚刚好,一锅水煮江刽、一份三鲜锅巴、一碟夫妻肺片,几乎是每桌必点的下饭菜……然而,八卦一路美食街并未止步于传统与怀旧。2023年以来,八卦一路美食街独特的"宣、文、旅、商"融合发展模式,为传统美食街注入了新的活力与生命力,多场餐饮嘉年华系列活动助力美食街在多个渠道获得重点曝光,客流量达到了近十年最高水平,其中超过三成为港客,商铺收入增长超过30%,是"深圳十大人气美食街"之一。

品人民艺术,在"深圳人的一天"雕塑公园致敬每一个努力的你。"深圳人的一天"园如其名,作品用一组群雕艺术形象地

"深圳人的一天"雕塑公园

展示了 1999 年 11 月 29 日那一天在深圳这座城市里生活着的各行业各阶层的人物群像，以及与他们社会生活息息相关的事件、数据。18 个人物雕像的原型，是从"那一天"在深圳大街小巷活动的普通人物中随机选定的；几块大小不一的黑色磨光花岗岩雕成的背景，上面刻着当天深圳城市生活的各种数据：股市行情、农副产品价格、天气预报，以及当天《深圳晚报》版面等。"深圳人的一天"既是一方物理空间，也是一部无声的史诗。它默默地注视着城市面貌的日新月异，突显着深圳人"崭新的一天"，记录着各行各业的劳动者，致敬着所有的奋斗者。微光亦可万丈，平凡但努力的每一个人都是时代的主角。

改革永不停歇，发展永不止步。作为首善之区"首页名片"的园岭街道，深谙"发展才是硬道理"，打响了八卦岭片区转型升级"攻坚战"，希望重铸属于它的"黄金时代"。片区内各项工作激战正酣，城市更新工程稳步推进，招商引资精准落棋，还将紧密联动河套深港科技创新合作区，延伸科技创新链条，导入和发展"智能 +"产业，建设高端智能制造示范基地，以 40 多年工业积淀为基础，打造创新创业高质量发展城区。同时，园岭街道还将充分发挥深圳市体育中心地标效应、全市教育高地名校效应，促进宣、文、旅、商融合发展，打造全域、全龄、全时段儿童友好街区，建设一个宜学宜居宜业、共建共治共享的"活力乐园，幸福智岭"。

这，是园岭，是深圳早期"拓荒牛"的家，这座城市的现代教育、文化、体育也都在这里生根、发芽和开花。这里不仅有八卦一路让人垂涎欲滴的美食，还滋养孕育了别样的咖啡文化，吸引文艺青年纷纷"打卡"；这里既是儿童友好型街区，以爱护航孩子们成长，又有八角楼的托养中心，让桑榆老人安度晚年；这里见证了深圳工业的腾飞，更让"深圳人的一天"在平凡中见到伟大。这，就是园岭，一个"繁华中有醉人的安宁，平静中有前行的波浪，素洁中有绚烂的光芒，璀璨中有轻柔的月光"的幸福之地。

南园街道
Nanyuan Subdistrict

深圳78街
全景画像

在历史的传承与创新中，深圳河畔的南园街道孕育了属于自己的人文韵味。它的美，无处不在，非遗馆皮影灵动、民族风多姿多彩、图书馆灯火通明、乐器城雅韵悠扬……总有一处让你我流连忘返。它的好，处处动人，徜徉其中，一角一隅、一楼一村，总能唤起岁月的回忆与奋斗的激情。

1983 年，南园街道挂牌成立，东至红岭南路，西接华强南路并沿滨河路至福田河，北靠深南中路，南与香港特别行政区隔河相望。

　　街道辖区面积约 2.1 平方千米，下辖巴登、滨江、南园、沙埔头、锦龙、南华、赤尾、滨河 8 个社区。截至 2023 年底，常住人口约 11.64 万人，是全市人口密度最高的街道之一。

　　这个与特区几乎同龄的方寸之地以跃上潮头的姿态在深圳发展史上出场，破土拔节、迎风生长，演绎了从"水田滩涂"蝶变"繁华都市"的生动传奇，也引领过"农村城市化"的时代创举。

　　作为典型的老城区，它的风貌肌理自带烟火气息，承载无数动人回忆，温婉而不失亲切。同时，紧随着"有机更新"这个城市发展的永恒主题，南园正积极拥抱变化、向上生长，以"二次创业"再出发的闯劲、拼劲、干劲，再绽"幸福之南，美丽之园"新芳华。

非遗传承"打卡"地
民族风情炫南园

南园街道

南园街道位置示意图

回望，时光与记忆"镌刻城市"

文化名人在这里上岸落脚。深圳河静静地从南园流过，日复一日、年复一年，见证了深港两地的悲欢离合、沧桑巨变。1941年12月，香港沦陷，大量文化名人与爱国民主人士被困于香港九龙。为了营救他们脱离日军魔爪，在中共中央的指示安排下，一部分文化名人先被安全护送到香港新界，渡过深圳河，到达现位于南园街道的赤尾村，再往北穿过宝深公路，翻越梅林坳，抵达龙华白石龙。这条路线是营救行动的主要通道，茅盾在《脱险杂记》中回忆，1942年1月，他与妻子，同邹韬奋、廖沫沙、胡绳等一批文化名人"经元朗、落马洲，到深圳河边，乘船过渡到北岸赤尾村"，并写道："后来，知道今天决定在这旦（指赤尾村）过宿，刚才和'向导'同来的两三个陌生人其中有一个就是这里的伪乡长，他们答应借那一排平房给我们过夜。"那一年，一批批文化人士和爱国民主人士接踵而至，小小的赤尾村竭尽所能为他们提供庇护和中转。这批文化精英为后来新中国的文化建设和繁荣做出了巨大贡献。

"能不忆巴登？" 巴登村位于南园街道东部，始建于元末，至今已有近700年历史。从明天顺年间的《东莞旧志》，到康熙、嘉庆年间的《新安县志》，再至近年编纂的《民国时期深圳档案文献演绎》，显示"巴登村"在明、清、民国的不同时期，拥有过"巴墩""巴丁""巴灯"等不同称谓。这里的村民以种田为生，先后有郑、陈、林等大姓家族在此开垦，历经数十代，人丁兴旺，烟火繁盛。发展至今日，巴登村成为深圳颇有名气的城中村，这里交通便捷、生活便利，是来深建设者的热门落脚地，承载着无数拓荒者的青春记忆。改革开放之初，香港商人都喜欢来离深圳河不远的此处休闲消费，在港风偏好

巴登村

的影响下，诞生了内地第一批港式茶餐厅，各色大排档、小酒楼逐渐成为巴登大街小巷的主角。每当夜晚来临，闪烁的霓虹灯彩、交错的狭长街巷，将喧闹的巴登村装点成变幻无穷的魔方，赋予其独特的魅力。来来往往的人怀揣着深圳梦在这里歇脚又离去，只有纵横交错的街巷牌楼长久停留，化作人们心底的城市记忆。那时人们说："来深圳一定要去巴登村看看，那里最像香港。"

开启深圳"Shopping Mall"时代。 一座城市总有那么一两个地标，是年轻人跨年首选地，很长一段时间里，中信城市广场就是这样的一个城市地标。那时新年来临，人们聚集在这里大笑、拥抱，震耳欲聋的倒数声如同海浪，空中飘起无数气球，一句'新年快乐'道尽了人们对未来城市生活的希冀。中信城市广场于 2002 年 9 月 28 日正式开业，这座耗资约 25 亿元打造的购物中心，有着相当霸气的口号——"亚洲商业精华所在"。它颠覆了传统百货模式，集购物、餐饮、娱乐于一体，开创了深圳"Shopping Mall"时代，是当时深圳"最大""最高端"的商业综合体。这里引进了第一家奢侈品卖场"西武百货"、第一家"吉之岛"、华南第一家星巴克、第一家五星影院"南国影城"，一时间风头无两，被业界誉为"中信深圳集团缔造的商业传奇""购物中心典范"。2011 年，中信城市广场更名为新城市广场。2023 年 12 月，新城市广场迎来一场持续时间超过 1 年

中信城市广场开幕盛典

的改造升级，人们期待着，这里在时光流转间擦碰出更炫目的火花。

浸润，书香与人文"风韵悠长"

社区空间掀起阅读之风。与阅读"一见钟情"，往往只在一个瞬间，拿到通往那个神秘丰饶的精神世界的钥匙，也需要一个恰好的时机，而这个恰好的时机，很可能出现在漫步南园的惬意时光里。阅读的乐趣一直萦绕在南园人的生活之中，全市首家 24 小时社区图书馆、全市首家山河风貌的亲子主题图书馆、全国首家非遗主题社区图书馆、火遍全网的玻璃屋"百姓书房"等 9 个特色图书馆接连在这里落地，文韵散布在党群服务中心、街道文化站、社区非遗馆等一个个精巧空间里，书香遍布在每一个你我想不到却遇得到的街巷角落中。咿咿呀呀的稚语孩童、睿智深沉的矍铄长者、奋笔疾书的奋斗青年，在南园都能找到属于自己的精神驿站。图书馆的灯火彻夜不眠，奋斗者的笔尖划破黎明，思绪的光芒奔涌而来，折射出一个活力四射的精神南园。

深圳市党群服务中心"百姓书房"。满目繁华，抵不过恰好一间书房，更何况这书房中有一盏为你 24 小时亮起的灯。巨大的玻璃幕墙、林立的各色书籍，车水马龙的深南大道旁有一间琉璃剔透的"百姓书房"。每日上午9点，书房1楼的阅读大厅和2楼的旷野阅境、山涧阅境、静思房已是座无虚席。自从2023年7月开业以来，这里每一天都是如此"繁忙"，成为城市喧嚣浪潮中"有趣灵魂"者心向往之的知识殿堂和流连忘返的城市乌托邦。书房1楼大厅全年无休24小时开放，中庭处还有"思想天窗"，时常举办"思想深南""百姓时光"等文化活动，名人大咖在这里与市民深度互动，涌动活跃的思想，也滋养未来的新知。当暮色降临、夜色渐浓，人们在这里或捧书阅读，或沉吟深思，灯火盏盏的书房化作温柔灯塔，氤氲了城市

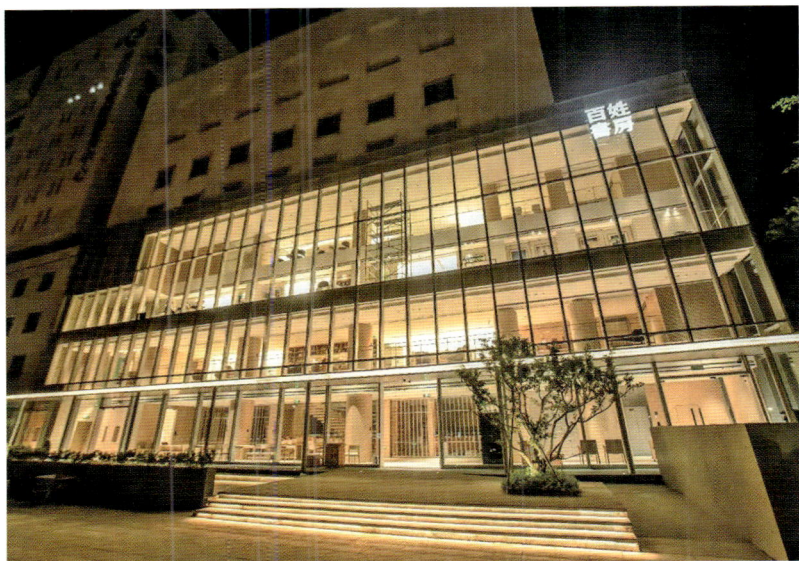

市党群服务中心"百姓书房"

温度，始终指引书迷追梦的方向。

方寸之地有非遗传承沃土。南园街道辖区面积约 2.1 平方千米，现实中的方寸之地，却容纳文化无垠沃土，多项非遗技艺在这里如火如荼地发展壮大。南园街道推动申报的"皮影制作""埔尾茶果制作技艺""潮州工夫茶艺（詹氏）"于 2021 年入选福田区非物质文化遗产代表性项目名录。每逢传统佳节，常驻南园的 15 位非遗传承人、28 项非遗项目、16 支非遗艺术团队纷纷登上校园、社区、商圈各个舞台，为市民呈现陶瓷手工、皮影雕刻等多项经典，场场火爆、座无虚席。共计 800 余人的非遗传承队伍，深入一场场传统气息浓厚的基层文化盛宴，与市民共同欢天喜地庆佳节。

"皮影制作"是一种将人物、场景、道具等雕刻于加工后的透明兽皮上，并双面着色的皮影戏道具制作技艺。该项技艺的代表性传承人刘菲菲是南园街道的一名居民，在参与街道皮影制作培训课程中，她完成了从懵懂学生到专业传承人的成长蜕变。刘菲菲幼时经常看爷爷拿着竹竿表演皮影戏，屏幕前投出的五彩斑斓影像深深烙印在她的童年记忆中。2008 年，在南园街道举办的一次传统文化活动中，刘菲菲看到了深圳非遗代表性传承人蔡劲笋的皮影戏表演，熟悉的亲切感涌上心头，她忍不住走向后台主动结识，并在随后的时光里积极地参与

刘菲菲开展皮影制作课堂

孩子们体验皮影戏

蔡劲笋剧团各类演出活动，参加街道一系列非遗项目培训，还拜唐山皮影戏代表性传承人张雅君为师，认真钻研皮影制作，逐步深入专业创作。2018年，刘菲菲凭借皮影工艺作品《脸谱》一举拿下山东省威海市中韩（威海）文化创意产品博览交易会金奖。如今的刘菲菲仍旧勤练基本功，对她来说最难的已经不是雕刻，而是造型设计，她说："我们不能照搬老祖宗的拓版，一定要走创新之路，结合岭南人文，设计富有深圳都市特色的影人，创造新的时代审美。"

"埔尾茶果制作技艺" 是巴登社区（巴登村、埔尾村）世代流传的一种传统饮食制作方法，距今已有数百年历史。清雍正《东莞县志》卷二之四《风俗》中记载："聘，用槟榔、茶果以当委。"清嘉庆《新安县志》又有："婚姻必以槟榔、蒌叶、茶果之属，曰过礼。"可见当时深圳已有用茶果作为聘礼的婚嫁风俗。传统埔尾茶果以绿豆、花生、葱油为馅，饼皮用糯米粉制成，蒸制时常于白色茶果中掺杂数只红色茶果，寓意喜庆吉祥。改革开放后，人民的生活水平得到切实提高，村民开始往茶果中加入白萝卜、虾米、五花肉等食材作为馅料，并以火龙果汁、艾草汁、南瓜泥等为饼皮染色，提升了茶果的美观度及口感，具有浓厚的围村文化及海洋文化特色。

"潮州工夫茶艺（詹氏）" 代表性传承人詹冬业，在南园街道的支持下积极开展潮州工夫茶艺培训和宣传，将"和、敬、精、乐"潮州工夫茶精神传扬到粤港澳大湾区。

还有内画、剪纸、竹编……种种绚烂多彩的非遗传承活动充分滋润着南园人的日常生活。寻味传统、回归美学，曾经在群众心中"高不可攀"的人文艺术也充分融入了南园土壤，孩童们奔跑流连在"岁月璀璨看斑斓""天水一朝眷云华""儿时的记忆"等主题年画、茶文化、连环画展览中，也化身"美学参与者"，大批少年儿童美术作品在南园全面展出。街道文化站、非遗馆中的小小讲解员们沉浸在文化的学习和传播中，地地道道的民俗之美、热热闹闹的民生之乐，让南园人淳朴热烈、浪漫诗意的生活和文化之美得到更加淋漓尽致的展现。

民族文化交织绚烂之花。巴登有悠长历史，生活着五湖四海的新老深圳人，来自维吾尔族、壮族、苗族等 31 个少数民族的近 800 名同胞也在这里安居乐业。社区深入构筑各民族共有精神家园：非遗主题图书馆内，民族特色书籍琳琅满目、民族风格摄影饱含深情；"民族团结一家亲"主题长廊中，31 个少数民族的特色介绍跃然墙上、图文并茂；"同心茶吧"里，茶具精致、茶香袅袅，各族群众停憩在此处品味各自家乡民族茶饮，满口清甜，犹在故里；民族节日广场上，每月吹起"最炫民族风"，白族扎染、维吾尔族舞蹈、汉族皮影戏等接连上演，汉族非遗"英歌舞"和塔吉克族舞蹈同台竞技，维吾尔族烤肉、藏族酥油茶等

民族文化特色活动

大家共享；各族居民踊跃参与社区艺术团、飞跃彩虹童声合唱团等，载歌载舞，欢声笑语；"岭南特色"与"民族风情"在巴登互嵌融合、竞相绽放，各族人民在这里相互尊重，相互欣赏。2024年9月，巴登社区居民委员会被党中央、国务院授予"全国民族团结进步模范集体"荣誉称号。

品味，烟火与奋斗"热辣滚烫"

人间烟火东园路。 有人说，夜排档代表着一座城市的底色，认识一座城，要从吃上一顿夜排档开始，东园路美食街便是20世纪90年代深圳的"城市底色"。那时来深建设者初到深圳，往往会直奔东园路享用第一顿晚餐，彼时东园路不仅有味党盛宴，还透露着顺应时代的致富密码。然而，这条曾经最兴旺的美食街，伴随着周边业态的兴衰起落，在岁月变更中一度褪色。为满足新时代食客的更高要求，2019 年南园街道启动"一路一街"景观提升建设工程，着力将东园路打造成集美食、休闲、文娱于一体的综合消费街区。从户外摆摊到统一管理，东园路美食街兜兜转转，再度归来，依旧保留着往常那份烟火气、市井味。不到 1000 米的街道，满满汇聚了八方美食、四海佳肴，宝藏小宿"大树脚"的小锅米线浓香酸爽、老牌粤菜"颐静园"的鸭三件浓油赤酱，还有"塔里木河"外酥里嫩、肉汁四溢的烤包子，微油透亮的"山葵烤肉"、鲜嫩焦香的烤五花……每一口滋味，从味蕾直冲脑门，回味起来更觉满足。每当东园路的灶火燃起，香气弥漫，熟悉的味道植入记忆深处，奋斗者们在这座城市又获得了别样美好。

"二手手机"大市场。在深圳这片民营经济热土上，华强南电子市场是其中一抹不能被忽视的亮色。这里分布着大大小小 30 余个电子通信市场，总经营面积超 7.5 万平方米。每天正午刚过，市场还刚刚苏醒，偶有来客闯入闲逛，惊叹地观看着排排列列的一米柜台中电子零部件成叠成捆、浩如繁星。下午 4 时以后，市场里热闹渐起，四通八达的羊肠小道，2 万余名从业人员、各种肤色的背包客穿行其间，摩肩接踵、熙熙攘攘，叫卖、询价、拿货，人声鼎沸直至凌晨后方才渐歇。这里连同华强北片区电子通

人流如织的电子市场

信市场一道，构成全国最大的电子零部件交易集散地，也是亚洲最大的二手手机、手机配件集散地，二手手机出货量占全国80%以上。"你想要什么货，加微信，都能帮你找"是市场最响亮自信又朴实无华的口号。20多年来，华强南电子市场走过了BP机大哥大时代、功能机山寨机时代，并第一时间走进智能机、智能穿戴时代，成为中国通信科技从全面落后、2G追随、3G突破、4G同步到5G领跑的见证者、推动者。如今，种种"成长的烦恼"也困扰着这片创业热土。然而，在激烈的市场竞争中一路拼杀、成长，这里的奋斗者们越挫越勇，他们坚信，华强南电子市场必将抵达更美好、更繁华的科技"新时代"。

从"浪遏飞舟"到"富甲一方"。上步村位于深圳河北面，有深圳河上曾经唯一的码头——上步码头。解放前，这里每年端午节都会举办龙舟赛。老村民回忆，柚木制成的鲜亮龙舟平时埋在河岸边的沙土里，每逢端午，村民们焚香跪拜后，抬出龙舟并推入河中。喧天鼓乐之下，龙舟贴水面竞相前行，好一片热闹景象！如今，往昔沙岸不再，龙舟也已退出历史舞台，但力争上游、勇往直前、同舟共济的龙舟精神却在这里生生不息、从未黯淡。20 世纪 80 年代，上步村民就把握了毗邻香港的优势，批发售卖从香港带回的内地紧缺的生活用品，赚取"第一桶金"，又在改革开放的东风下乘势而起，引进"三来一补"①企业，自办工厂、商场、宾馆、酒楼，成为 80 年代上步管理区（福田区前身）最富村之一。1992 年，这里再次成为弄潮儿，成立深圳市上

上步实业股份有限公司成立庆典

---

① "三来一补"，即来料加工、来样加工、来件装配和补偿贸易。

步实业股份有限公司，勇当深圳农村城市化进程中"第一个吃螃蟹"的先锋。争归！竞会！抢水！大部分村还在"种楼收租"时，上步公司又开拓金融投资领域，入股多个省份10余家大型金融机构，实现金融投资收益稳定增长。

到了2017年，上步公司打造"物业托管＋专业运营＋综合治理"的"玉田模式"，再度走出了福田乃至深圳城中村管理模式改革创新"第一步"。乘流千顷浪花飞，如今的上步公司，集体经济、股民分红稳步增长，物业租赁、物业管理、金融投资多面开花，如同矫健龙舟，在时代浪潮中不断引领突破、划向未来。

驻足，民声与民生"声生共振"

老城区的"初心"生活。 每一个老城区都是有生命的，一条老街、一条老巷，浓缩着一份记忆，潜藏着一种情怀，也蕴藏了南园属于自己的"生长密码"。在这里，诞生了一家开设在党群服务中心内的咖啡店——"初心咖啡"，其他社区紧随其后陆续在党群服务中心开设了"初心茶坊""同心茶吧"，向往来的居民提供着不同的口味、相似的松弛时刻；在这里，茶香与咖啡可兼得，新潮与传统两相宜，实惠与美味共享有，非遗文创、

南园"初心"系列——初心茶坊

南园"初心"系列——初心咖啡

书香脉脉、多彩民族……总有一款"定制服务"滋润着居民日常生活，也使得老街区在"青春化"的路上，交到越来越多新朋友。

老城区的时光在各色乡音与街坊问候中悠然度过，有年轻人在南园穿行"打卡"，带着好奇在钢琴博物馆、声音图书馆等处留下"文艺"纪念。也有年轻的创业者来到这里，在党群服务中心"种植"梦想，运营起茶咖、烘焙、健身等小铺。不管是哪一种生活样态，南园都打开大门，欣然欢迎。八方来客驻足于此，在古与今的交融、新城与老街的共生中，打开生活的画卷，感受诗意的隽永。

温情脉脉的邻里街坊。南园自带那份静谧与闲适，还散发着独有的人情味。1985 年，当时还是深圳市航运总公司经济师的王小姐，买了一台她朝思暮想的家乡（上海）产的蝴蝶牌锁边机。她从小跟着家里的长辈学会了缝纫，线一纫、手一翻，旧衣添了新时髦，好似"指尖的魔法"，使她热爱着迷。近 40 年后，"王小姐"成了"王姐"，这台锁边机和一台社区添置的新式缝纫机一起，跟随着退休的她来到了社区的"王姐工作室"里，为周边居民免费提供琐碎细致的缝纫服务。每逢开学前夕，"王姐工作室"总是比往常更热闹一些，孩子们的校标、裤脚、名牌都需要王姐这双巧手来帮忙，大小朋友们簇拥着她，看着灵动的手指牵引针线游走，惊奇又兴奋，"我长大了也来帮您缝衣服"。像这样的"热心群众"在南园还有很多，"红星义剪队""石榴籽调解队""融滨睦邻队"……居民最能理解居民需要什么、担心什么，这些由群众自发组成的队伍，为社区的美好生活增添好多"奇思妙想"，在小微服务、矛盾调解等方面更是屡屡立功。你我他手中接连传递共建共治共享的接力棒，南园"自治管家"队伍联动了各方、扩大了扇面，让这里的每一个社区、每一个街角更加温柔有爱。

奔赴，机遇与蝶变"触手可及"

时代轨迹犹如一幅徐徐展开的画卷，既有千钧一发的风险挑战，也充满了希望与生机。南园是一部用时间雕刻而成的城市作品，在"有机更新"中孕育着精彩蝶变。

南面，南华村棚改乘风而起。"我们全家都来了，就为了见证这个重要时刻！"2024 年 9 月，历经 5 年建设、创下深圳最大棚改项目纪录、刷新旧住宅区改造签约"深圳速度"的南华村棚改迎来正式选房，现场秩序井然又一片欢乐，2562 户回迁业主脸上洋溢着对新生活的热切期盼。南华村几乎伴随着经济特区一同诞生，承载着无数老"特区人"的拓荒记忆。这里向南紧邻深圳河，向西则与河套合作区东翼无缝衔接，承担了为河套合作区及周边区域提供优质配套，吸引高端人才落户定居的重要功能。随

南华村棚改前

南华村棚改建设中

着正式选房的启动，一个涵盖了 2 万多平方米商业空间和多种公共配套的健康、舒适、现代化的人文社区正从深圳河滨款款走来，仿佛深港青翠两岸间的一支如椽巨笔，书写着城市居民对美好生活的向往。

北面，集约了近 10 万平方米的超甲级办公空间"中信国际大厦"于 2023 年 6 月正式启用，这座地标性服务业总部基地汇聚了中信银行国际、国信证券、普瑞姆等大批金融、科技类企业，屹立于深南大道，沿线释放崭新发展动能；东面，一条充分融合了传统婚俗与现代美学艺术的"同心路"即将在巴登社区烂漫盛放，同心咖啡、同心花屋、同心酒居花团锦簇，车马很慢、书信很远，新婚夫妇在同心路执手一生、奔赴山海，中国式的浪漫并非停于纸上，而是在南园悄然生长；西面，河套深港科技创新合作区深圳园区发展规划提出将在滨河、赤尾片区建设国际人才社区，"发令枪"一响，南园积极写好"腾笼换鸟""筑巢引凤""凤凰涅槃"3 篇文章，瞄准"优质人才居住地""内畅外联交通圈""绿美南园生态圈""优质服务生活圈""中外交融同心圆"的五大建设目标，全力提升国际人才吸引力，一个可亲、可爱、可敬的南园正走入更多人心中。

站在深圳河边，放眼望去，每一朵浪花都争先向前，每一片波涛都涌动期待，奋斗的脚步在滚滚的浪潮中昼夜奔驰、铿锵有力。踏遍青山人未老，风景这边独好。南园不断历练、焕新、面向世界，用独特的细腻与柔情，传递着深圳体温，赓续着深圳故事。

发现另一个深圳

深圳78街「全景画像」（福田）

南园街道

中信国际大厦

福田街道
Futian Subdistrict

福田，一个名字中蕴藏着美好愿景的地方。据说，南宋年间福田村始祖开荒造田，最初将这片土地称为"隔田"。因造田时土地方正如格，又被称作"格田"。又因当地人也将一"格"叫作一"幅"，且"幅""福"同音，村名最终由"格田"演变为"福田"，寓意着"得福于田"。

　　1983 年 11 月，福田街道办事处正式成立。辖区面积约 8.24 平方千米，截至 2023 年底，常住人口约 27.29 万人。街道位于福田中心区南部，东起华强路，西至新洲路，北接深南大道，南临深圳河，与香港落马洲隔水相望。街道下辖福田、岗厦、皇岗、水围、渔农、福华、圩镇、福山、福安、福民、海滨、口岸、福南 13 个社区。这里人口聚集、发展迅速、形态多样，既有繁荣发达的商圈和口岸，也有快速蜕变的城中村，还是河套深港科技创新合作区重要组成部分，是深圳改革开放的参与者、见证者和城市发展的缩影。

从古村落走向 CBD 的城市会客厅

福田街道

福田街道位置示意图

现代产业集聚的中央商务区

福田街道自建立以来，逐步发展成为深圳的中央商务区，形成以金融、商务为特色的产业体系，书写了从"水田滩涂"蝶变为"深圳CBD"的生动传奇。如今的福田街道，拥有得天独厚的产业资源和区位优势，金融业、批发零售业、住宿餐饮业等业态发达，总部经济发达、集聚效应显著。

福田 CBD——深圳市楼宇经济主阵地之一。如果想感受深圳的繁华和现代化，福田 CBD 是一个理想的窗口。作为全国五大知名中央商务区之一，这里是集商务、文化、信息、会展、旅游于一体的现代化国际性城市中心。福田街道是福田 CBD 主要所在地，经过 40 多年高速发展，区域内经济结构向金融业、现代服务业倾斜，突破了土地有限的发展瓶颈，促使单栋楼宇形成极大的经济体量，楼宇经济拔节攀高。这里高楼鳞次栉比，有高层楼宇 351 栋，其中 100 米以上超高层楼宇 67 栋，有金融业、服务业等各类专业楼宇 8 栋，有 2 家世界 500 强企业总部和 125 家持牌金融企业。这里汇集了平安保险、中信证券、中国人寿深圳分公司、江西铜业（深圳）等大型企业，吸引了微软、苹果、思科、戴尔等一批国际知名企业分支机构入驻。

平安金融中心——深圳第一高楼。在深圳的天际线上，一座摩天大楼如同一把利剑直插云霄，它就是令人瞩目的平安金融中心。这座高度达到 599 米的建筑是深圳第一高楼，也是全球第五、华南第一高楼。自 2017 年投入使用以来，就是领略深圳城市魅力的热门"打卡"地。搭乘观光电梯，55 秒即可抵达 547.6 米的 116 层云际观光层，360 度鸟瞰四面八方、远近高低的不同景观与城市风貌，深圳河、福田口岸、皇岗口岸以及香港米埔自然保护区等均映入眼帘。在大楼 118 层，深圳最高的餐厅——傲廬，可以一边品尝美食，一边将繁盛都市美景尽收眼底，伴随深圳发展的多座地标建筑都成为用餐时的绝妙背景。在大楼114层，还藏着建筑"黑科技"——两台总重量1000吨的阻尼器，它们能帮助大楼抵御8级地震、17级台风，"定楼神器"非其莫属。平安金融中心不仅是一座建筑，更是一个垂直的总部金融生态圈。这里不仅是世界500强企业中国平安的总部，还吸引了中国国际金融股份有限公司、建信理财有限责任公司、中伦律师事务所、盈科律师事务所等高端服务业实力名企，被评为粤港澳大湾区现代服务业国际化融合中心、法律服务业专业楼宇。

福田街道 CBD

深圳会展中心——全国影响力最大的国际会展中心之一。 在福田 CBD 的核心地带，矗立着一座玲珑剔透的"水晶宫"——深圳会展中心。这座占地面积达 22 万平方米的宏伟建筑，自 2004 年投入使用以来，便成为全国最具影响力的国际会展中心之一。这里不仅是展览的殿堂，更融合了会议、商务、餐饮、娱乐等多种用途。建筑的钢结构与玻璃穹顶、幕墙完美结合，展现了现代建筑的美学与实用性。这里是举办各种展览、会议、集会、礼仪、庆典和演艺活动的理想之选，室内展览面积达 10.5 万平方米，每年承办并服务各种展览 100 余场，会议和活动 2000 余场，高峰期每天接待的海内外来宾高达 50 万人次，高交会、第六届全球 AEO 大会等国际重磅展会都曾在此成功举办。主题多样、内容丰富的展会还为市民提供了休闲娱乐、增长见识的好去处，提前预约就能体验文博会、渔博会、国际车展等多样内容。

连通深港、辐射八方的城市枢纽

要问深圳哪些街道最"热闹"，福田街道一定榜上有名。每天，数不清的都市白领从城市四面八方汇入这里。位于市中心的地下火车站"福田站"里，一趟趟奔驰的列车串联起香港和内地。皇岗、福田两大通关口岸，助力各类生产要素高效流动。一个个繁忙的交通枢纽，让"高流量"成为福田街道的天然优势，不断转化为高质量发展的强劲动力。

深圳会展中心

福田站——亚洲最大地下火车站。在繁华的福田CBD，有一座特殊的车站，除了下沉式入口处"福田站"三个字引人注目外，地面看不到车站建筑物，而当视角来到地下，一个四通八达的立体综合交通枢纽便呈现在眼前。福田站于2015年12月投入使用，总建筑面积约14.7万平方米，相当于21个足球场，是集高速铁路、城市轨道交通、公交、出租车等多种交通设施于一体的综合交通枢纽。从福田站出发，14分钟就可直抵香港西九龙，还可轻松换乘深圳地铁2、3、11号线，为旅客提供了便捷的交通体验。该站是深圳和香港之间的重要铁路交通枢纽，也是中国铁路地下大型火车站建设的示范性

福田站

工程，对香港融入全国高速铁路网、促进内地与港澳地区经贸文化交流具有重要意义，奠定了珠三角城市群"半小时经济圈"的基础。

福田口岸——首个内地与香港无缝接驳的地铁口岸。深圳河上，一座两层的人行通道桥连接着福田和香港。每天，桥上往来深港的市民步履不停。这里就是深圳人流量最大的口岸之一——福田口岸，出入境日均客流量达到14.7万人次。口岸占地面积约6.2万平方米，总建筑面积约8.2万平方米，配套有汇聚深圳地铁4、10号线的"福田口岸"地铁站，以及福田口岸公交总站，旅客入境后可以无缝换乘地铁、公交到达深圳各个角落。而从福田口岸出境后，旅客便能直接换乘港铁东铁线，前往

福田口岸

香港各地。每天经福田口岸出入境的深港跨境学童是福田口岸的一道独特风景线。这里日均查验跨境学童 1.2万人次，设有学童专用查验区域、卡通引导标识，每逢学童集中通关时间都有义工队进行引导和帮助，全力守护学童"出行路"。

皇岗口岸——全国首个 24 小时通关的口岸，深港之间唯一客货运渠道均实行 24 小时通关的陆路口岸。 立于深圳河边的皇岗口岸，就像是深圳一扇对外开放的窗口，见证着深港往来的日益密切，成为两地沟通的重要桥梁。1992 年，年过八旬的邓小平同志来到皇岗口岸落马洲大桥，深情凝望深圳河彼岸的香港。从 1989 年口岸货运部分启用通车，到 1991 年客运部分开

皇岗口岸拆除重建前

通使用，再到 1994 年实行货检通道 24 小时通关，2003 年实行
旅检通道 24 小时通关，皇岗口岸逐步成为服务深港的"全天候
通道"，让深圳和香港成了真正意义上的"双子城"。为保障河
套深港科技创新合作区的建设，满足粤港澳大湾区建设对生产
全要素高效、便捷流动的新要求，皇岗口岸于 2019 年 6 月启动
重建。目前已经拆除老旅检区，建成占地面积约 5.1 万平方米、
总建筑面积约 1.4 万平方米的临时旅检楼。展望未来，新皇岗
口岸竣工使用后，将会采用"一地两检"安排，并实施"合作
查验、一次放行"的通关模式，通关时间将由原来的 20 分钟缩

皇岗口岸重建效果图

短至 5 分钟，与深圳地铁 7 号线及香港地铁北环支线等 5 条轨道线路相连，成为辐射大湾区、面向世界的超级口岸和综合交通枢纽。

岗厦北枢纽——汇聚 5 条地铁线路的"深圳之眼"。 在深圳这座充满活力的现代都市中，岗厦北枢纽以其独特的设计和功能成为城市的新地标。它横跨深南大道，是深圳轨道客流集散的枢纽节点。岗厦北枢纽总建筑面积约 22.49 万平方米，2022 年 10 月投入使用，汇聚了深圳地铁 2、8、10、11、14 号线，日均客流量约 35 万人次。岗厦北枢纽的中心景观，被誉为"深圳之眼"，自启用之日起便成为社交媒体上的热门"打卡"地。其极具未来感的大穹顶，在设计上采用了费马螺旋、双向延伸的理念，将创意延伸到了三维空间。无数极具科技感的线条从四面汇聚于"深圳之眼"，又向八方舒展开来，如光芒四射的星，给人带来强烈的视觉冲击感。"深圳之眼"不仅是一个美丽的景观，更是一个充满诗意和想象的空间：开放的露天广场、蓝天绿树等自然元素被全景引入地下，拥有 2 万平方米的"地下城市公园"，以及 7 米高的开放商业空间。在这里，人们可以驻足欣赏、拍照留念，也可以参与各种文化活动和参观艺术展览。无论是匆匆赶路的上班族，还是悠闲逛街的市民，都能在此找到属于自己的节奏和空间。

商圈消费和都市文旅融合的城市会客厅

福田 CBD 商圈主要分布在福田街道，这里汇聚了星河 COCO Park、购物公园等驰名已久的标杆商场，以及卓悦中心、节日大道等新兴地标，正在加快打造集国际消费目的地和标志性城市景观于一体的世界级地标商圈。随着深港两地联系更加密切，福田 CBD 商圈也为港人休闲娱乐活动提供众多选择，成为港人消费的优选地。

卓悦中心——福田 CBD 商圈新地标。不同于传统的垂直型商业形态，卓悦中心以开放式街区形态亮相，呈现"4 个 MALL+1 条中央大街 +2 个独栋"的建筑格局，给消费者提供巨大的徜徉、漫步空间，缔造一种 CBD 的休闲生活方式。人们可在车水马龙的城市主干道旁，进入一条纵长 800 余米的中心步行街，体验 CBD 生活中快与慢的变奏。在业态组合方面，呈现"国际零售 + 美妆护肤 + 潮流精品 + 运动时尚 + 国际快消"多元组合，引进多家首店、旗舰店、高端餐饮品牌，有 ARMANI 全球旗舰店、Vera Wang 华南首店、潮玩动漫博物馆 X11 深圳首店等，其中的天屿水·茶蔬、珍庭潮州菜、新长福、漾亚·雍雅合鲜四家餐饮上榜黑珍珠榜单①。其丰富的消费场景填补了福田区国际一线美妆、体验业态的空白，卓悦中心也成为深圳商业的新地标。

---

① 黑珍珠榜单是由美团和大众点评联合发布的餐厅评选指南。

岗厦北枢纽

星河 COCO Park——公园情景式购物中心。 自 2006 年"出道"，星河 COCO Park 屹立在深圳福田 CBD，集餐饮、购物、休闲、娱乐等多功能于一体。整个购物中心的设计，将"Park 公园"概念贯彻到底。经过多番改造升级，这里集聚国际潮牌、国际高端美妆品牌，稳立"时尚潮流人设"。深谙年轻人热衷"打卡"网红店、首店的需求，COCO Park 引进华南首家乐高旗舰店、亚洲首个乐高小人仔工厂。夜幕降临，整个购物中心内外围霓虹灯光活跃夜间氛围，成了"打工人"夜间灵魂乌托邦、深圳青年的不夜城。

星河 COCO Park

购物公园——从深圳版兰桂坊到 CBD 花园式庄园。购物公园地处福田 CBD 区域中心，作为城市重要景观及公共交通节点，承载了深圳经济特区发展的珍贵城市记忆。2010 年后，VIVA、莉莉玛莲、乐巢等酒吧在购物公园连成一片，购物公园逐步成为近年来深圳独一档的人气聚集地。随着时间推移，外立面陈旧、公共配套设施不完善等问题日渐突出，购物公园开始进行整体升级改造。改造后的购物公园在设计理念上融入中西方文化，从欧洲钟楼到岭南骑楼，从拥有岁月沉淀的红砖到岭南特色的花窗，共同搭建起一座"建筑博物馆"。未来，这里还将打造创意市集、

购物公园改造效果图

花园商业外摆等多样化空间，引入多家新店、首店，全面提升整体形象与业态，为消费者带来更好的夜生活场景。

节日大道——功能复合的城市"第三空间"。 街区，不仅是串联城市各处的脉络，还是展现城市文化特色和精神气质的重要载体。在深圳，有这样一个地方，它以"节日"的名义，为这座城市带来了无尽的活力与欢乐。这就是深圳节日大道，国内首个以"节日"为主题的公共文化街区。节日大道坐落在福华路，它像一条流动的风景线，从东边的彩田路延伸至西边的民田路，周边覆盖了福田最主要的商圈、CBD商务集群、文化场所、城

四海一家大巡游活动在节日大道举行

市公园、高端住宅和各类城市特色空间。这里以楼为景，用街做展，可以一站式体验吃、喝、玩、乐、游、娱、购，丰富多彩的特色活动横贯一年四季，散发着深圳包容、多元化的城市气息。在节日大道上，迎春花市、唤醒咖啡节、四海一家大巡游、深潮文化周等活动精彩不断，轮番上阵，涵盖民俗文化、青年潮流、国风艺术等多种元素，为市民游客带来了内容丰富、形式多元的城市公共空间文旅体验。

深圳城市化的集中展现地

福田街道不仅是经济发展的高地，更承载了深圳的城市记忆。在这里，繁华的都市景象与城中村的烟火气和谐共存。福田、岗厦、皇岗、水围4个城中村，村村有特色，是许多来深建设者的落脚"第一站"，见证了深圳的沧桑巨变。

福田村——烟火气浓郁的城市生活服务承接地。地处福田街道东部的福田村，建村迄今已有800余年。20世纪80年代开始，敢闯敢干的福田村民利用在商贸和运输领域积累的财富，建起了一栋栋小平楼，租给来深"淘金"的建设者。如今，这些其貌不扬的小楼已成为华强北和华强南电子产业的生活配套区。1998年，美国零售巨头沃尔玛将门店落户福田村，让这里成为深圳市首个引进知名国际连锁商场的城中村。由于许多做生意的潮汕人选择居住在福田村，久而久之，福田村便成为在深潮汕人的聚集地，

福田村牌坊

村里的美食也以潮汕风味为主，仅潮汕风味的食肆就有上百家。说起福田村内的潮汕菜，不得不提创立于1997年的亚六潮汕美食，你能想到的潮汕美食，这里都有。步入门店，眼前是琳琅满目的潮汕特色菜，一碟碟潮汕打冷、卤水拼盘、普宁炸豆腐、生腌海鲜令人垂涎，常常一到饭点，就吸引不少食客前来。

岗厦村——生机勃勃的 CBD 腹地。视角转向福田街道中心片区，与 CBD 相邻的岗厦村是一枝独秀般的存在，这里地理位置优越，有丰富的历史底蕴，吸引成千上万的"深漂人"停留。岗厦村文氏是南宋著名政治家、

文天祥與崗廈村文氏淵源

据《文氏通谱》记载：文氏太公文天祥，原名云孙，字履善，赐字宋瑞，号文山，别号浮休道人，吉州庐陵（今江西吉安）人，生于端平丙申五月初二（一二三六年六月六日）宋末政治家、爱国诗人、抗元英雄、文学家，理宗开庆元年（一二五九年）冯万言《御试策》中状元，官至观文殿大学士右丞相兼枢密使，封信国公，生逢乱世，力挽狂澜，抗元救国，元世祖请以大用不屈受害，牢坐四年，十一月初九（一月九日）受害，四十七岁，著有《指南录》《正气歌》等传世名著。

崗廈"正气墙"

崗廈新貌

073

文学家文天祥的后裔。从牌坊进村，就能看到岗厦村
"正气墙"，以浮雕形式叙述着文天祥与岗厦村文氏渊
源。改革开放后，文氏后裔锐意开拓，拼搏进取，经历
了开放致富、工业创富和转型强富3次发展转型。2008
年，岗厦河园片区改造启动，打造了深圳市中心区商务
配套功能区，把岗厦村建设成了繁华的"岗厦城"。今
天的岗厦村依然跃动着勃勃生机，多条地铁线路交会于
此，深圳节日大道发端于此，来来往往的人见证了岗厦
村的变化，也见证了福田发展的历程。

皇岗村——福田CBD的后花园。在高楼林立的福
田CBD南侧，皇岗村任凭外面喧嚣，这里的生活依然从
容。早在20世纪90年代，皇岗村就主动开始全面规划
布局，积极打造宜居宜业的人文环境。在寸土寸金的土
地上，皇岗村建起了文化广场、园林、音乐喷泉、健身
场等设施，为居民群众提供了一方休憩的天地。在皇岗
村漫步，可以流连于传承皇岗精神的皇岗村博物馆，感
受村庄的历史沉淀，也可以在锦绣园的亭台水榭间，享
受都市中的一片宁静绿洲。除了优美的生活环境，皇岗
村的公共服务阵地也处处洋溢着幸福感，以社区党群服
务中心为中心，周边300米范围内分布有图书馆、老人
之家、社康中心等公共服务机构和设施，形成了便捷的
"10分钟党群服务圈"。2010年，时任国务院总理温家

宝曾来到皇岗村，了解皇岗村的发展和村民的生活。皇岗村曾先后获得全国文明单位、全国创建文明社区示范点、全国示范性老年友好型社区等23项国家级荣誉。

水围村——华丽变身的网红城中村。与香港隔河相望的水围村，一半是烟火，一半是朝气。水围文化广场是全村的文化中心，村里有庄子铜像、文化长廊、水围帆船等一批深受市民游客喜爱的围村文化景观。在水围村中央的龙秋古井旁，古榕树静静矗立。相传在清初，庄氏族人为保护古井种下榕树，作为镇村之宝，福荫子孙后代。如今姿态巍巍、绿叶参天的古榕树，已成为

锦绣园

水围村一道独特的风景。近年来，水围村按照"局部改造、整体提升、融合发展"的原则，走出了一条城中村转型之路，展现出现代化、国际化、多元化的新貌，打破了市民对"城中村"的刻板印象。水围 1368 文化街区是水围村改造转型的缩影，街区由 35 栋统建居民楼改造而成，建筑设计融入岭南风格，汇聚了诸多创意小酒吧、特色小吃、人气饮品、文化餐吧、创意手作等特色店铺，既保留了历史文化遗产，又突出了本土传统文化与国际化建设融合的特色。街区内的柠盟人才公寓则由 29 栋楼房的 3 层至 8 层综合提升改造而成，面向辖区企业和社

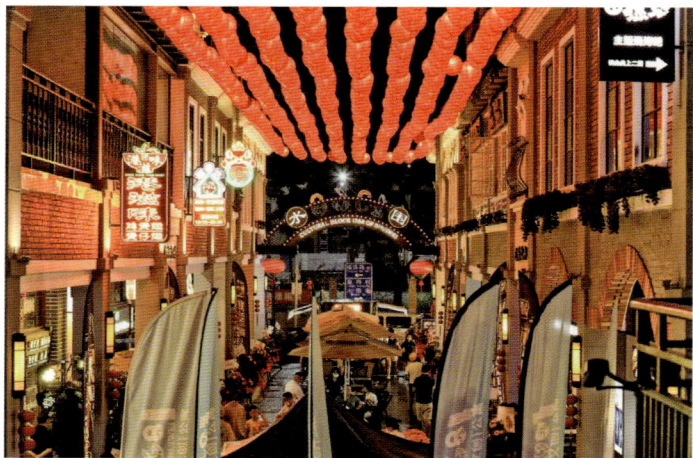

水围 1368 文化街区

会组织配租，并按颜色划分为红、黄、蓝、绿、紫等7个区域，呈现出鲜明的视觉效果，承载着来深青年的彩色梦想。独具一格的美食美景，让街区不仅成为年轻群体的网红"打卡"地，更成为深圳市内电影取景、婚纱照拍摄的热门地。

沙头街道

Shatou Subdistrict

城中有桃源，村巷古今沿。在沙头，既有800余年历史底蕴的围村，又有现代潮流的湾区时尚总部；既有古朴的宗庙祠堂，又有高耸林立的高楼大厦。行走在沙头街道，焕发活力的时尚城区星光熠熠，历史与现代在这里汇聚，过去与未来在这里交织。

　　沙头街道地处福田区西南部，成立于 1983 年，东起新洲路，南临深圳湾，西毗南山区欢乐海岸，北至深南大道，面积约 16.73 平方千米，截至 2023 年底，常住人口约 24.82 万人。街道下辖上沙、下沙、沙尾、沙嘴、新洲、金城、天安、新沙、金碧、金地、新华、翠湾 12 个社区。

红树湾畔 时尚城区

沙头街道

沙头街道位置示意图

　　沙头固然有一些"领头功夫"在身。这里，有城市根脉"头街"，围村文化源远流长，下沙大盆菜、上沙"挂红歌"、沙尾"点灯礼"等围村文化传承至今；这里，聚集"头部"时尚企业，赢家、玛丝菲尔、歌力思等时尚品牌企业总部坐落于此；这里，打造"重头"城市中心生态，红树林生态和谐美丽，拥有全国唯一地处城市中心区的国家级自然保护区；这里，"领头"建设理想家园，品质生活老少皆宜，幺公庙十亩地招待来自五湖四海的"探险者"。作为同福田区"三大新引擎"中的香蜜湖新金融中心、环中心公园活力圈直接相连的街道，沙头街道挑战与机遇并存。

城市根脉：历久弥新的民俗风情

城中村承载着城市发展变迁的历史记忆，是城市不可或缺的一部分。沙头街道有上沙、下沙、沙尾、沙嘴、新洲5个城中村，是许多来深建设者的"聚居地"。沙头街道围村文化距今已有800多年历史，文化气息浓厚。从国家级非遗"下沙祭祖"，到"洪圣庙"承载的古老信仰，在这里，每一位市民都能细细品味这"大隐隐于市"的文化盛宴，感受现代都市中难觅的传统气息。

"万人盆菜宴"创下吉尼斯世界纪录。踏入下沙文化广场，站在福田"十景"的"打卡"点，由近及远映入眼帘的是传承百年的黄思铭公世祠，带着时代印记的城中村"握手楼"和讲述着深圳奋斗故事的京基滨河时代大厦、中洲湾，古今融于一景。每逢元宵节和祭祀时，伴随着鞭炮声、舞龙舞狮的锣鼓声，下沙村大盆菜正式开宴。2022年2月，下沙村设宴3800席，创造了5万余人同食大盆菜的盛况，并创下"最大规模民间宴会——大盆菜宴"吉尼斯世界纪录。

"下沙祭祖"入选国家级非遗。下沙村的祭祖仪式始于南宋

"下沙祭祖"仪式

时期，每年分春、秋两祭进行。春祭只拜祠堂，时间是每年清明节；秋祭既要拜墓，也要拜祠堂，时间分别是每年重阳节后的农历九月十五日和十六日两天。祭祀礼仪有全套程序，仪式开始前要放炮、擂鼓、奏乐，之后是三跪九叩，然后由长房嫡孙、族长、宗亲会长依次上前行初献礼、亚献礼及三献礼等。举行祭典仪式时，龙、狮均在祠堂外的广场上肃立静候，仪式完毕，立即鼓乐喧天，龙狮齐舞，海内外黄氏后裔咸集于广场，百子千孙，万众一家。

喜庆"挂红歌"延续岭南风俗。上沙村的"挂红歌"

独具特色，女子出嫁时，新娘的父亲将红绸扎花挂到花轿上，即为"挂红"，此时女子唱《挂红歌》，"我爹挂红挂到银轿顶，四面吊脚挂平匀；我爹手长探到华艳顶，如同天上起浮云；松柏千年青不老，夏棱祝寿运无疆"。花轿在歌声、唢呐声和锣鼓声中缓缓前行，新娘子的人生新篇章开始了。此外，上沙村还有天后宫、怀德黄公祠等数百年的古建筑，保留着为婴儿祈福的"洗手礼""满月礼"，延续着多样的岭南民俗。

添丁"点灯礼"展现家族延续。沙尾村"点灯礼"习俗始于明朝洪武年间，是家族添丁的庆贺仪式，礼仪流程包括开灯、抢炮头、酬丁礼、圆灯、祭龙船等，体现出对生息繁衍的敬畏，作为纽带联结着各地的村民。与其他城中村不同，沙尾村不是由单一姓氏发展而来，从一开始便是多姓氏、多文化汇集地，主要有12个姓氏，他们大多来自东莞、香港、福建等。村民们还专门编排了一个口诀用于辅助记忆："黄温葛、莫余梁、杜钟郑、欧张陈。"其中，莫、温、梁、欧四姓家族人口较多、规模较大、分布较广。

城中村，不仅仅是历史文化传承的载体，还是联结海外侨胞和港澳台同胞的纽带。每当村里举办盛大的祭祖仪式时，海内外的村民都会派出代表参加，天南地北、五湖四海的村民再次因为同宗同源的血脉亲情相聚一堂。沙头街道成立了香港沙头同乡会，以乡情联谊为纽带，以丰富活动为载体，为海外侨胞、港澳台同胞传承弘扬民俗文化、了解家乡发展、返乡创业搭建了新平台。

沙尾村碧州莫公祠

时尚高地：总部齐聚的产业摇篮

来深创业就业第一站，车公庙必榜上有名。也许有人不禁想问：车公是谁？据记载，明朝末年，广东地区暴发瘟疫，百姓梦见一个叫车公的神灵，受其指点成功消除瘟疫。因此车公深受百姓爱戴和敬重，百姓专门给车公建庙供奉，粤港地区多见"车公庙"。

如今，福田区沙头街道天安社区车公庙片区写字楼遍布，产业配套完善，聚集效应显著，俨然已成为各类企业孵化与成长的宝地，片区第三产业发展迅猛，其中以品牌服装、电子产品及软件开发、商贸消费为主。

过去，这里是孕育纺织和数码的产业摇篮。改革开放初期，车公庙片区的泰然工业区以发展纺织服装业为主。1988年，美国杜邦在此设立杜邦（中国）有限公司，为纺织行业提供纤维材料。经过数十载的深耕，杜邦（中国）已发展成为国内化工与材料科学领域的领军企业之一，其产品和服务领域广泛涉及化工、农业、食品与营养、电子、纺织、汽车等多个行业。公司占地面积已超10万平方米，年产值曾达数10亿元人民币，成为业界瞩目的焦点。此后，越来越多的服装轻工制造业工厂在车公庙片区茁壮成长，逐渐打造出一批具有一定影响力、主打国内市场的自主品牌服装公司。

20世纪90年代，天安中国投资有限公司与深业泰然集团股份有限公司共同出资成立天安数码城集团有限公司。1990年，改革开放春潮涌动，顺应"三来一补"产业发展大势，具有产业园区雏形的"天安工业村"应运而生。在1999年，以电脑、网络技术为核心的信息化掀起新一轮经济革命。历经10年探索，"天安工业村"意识到定位嬗变与转型迭代的重要价值，在香港"数码港"和北京"中关村"的启发下，将以加工制造为主的"工业村"升级为具有科技数码特质的"数码城"，助力入园企业从小型分散发展转向规模集群运营，并正式更名为"天安数码城"，采取以租金换股份的政策，为中小科技企业提供集产业链融合、生产性服务、商务生活设施和创新文化于一体的全方位成长环境，打造了深圳最早的孵

车公庙片区

化器模式，也为车公庙片区播下科技创新的种子。

现在，这里是湾区科技、时尚、创投总部基地。目前，车公庙片区共有产业楼宇近 80 栋，近 2.8 万家时尚品牌总部企业、国家高新技术企业等企业云集，是深圳最繁荣的街区之一。"湾区时尚总部中心"坐落于此，集聚赢家、歌力思和玛丝菲尔等高端服装品牌，成为发展深圳服装产业总部经济的标杆；天安数码城获得"国家级民营科技园"、全国十佳民营科技园等多个国家级荣誉称号，吸引并孵化了超 1600 家优质民营科技企业。其中，深圳市爱施德股份有限公司连续 14 年登上《财富》中国 500 强榜单，在数字化智慧分销和数字化智慧零售领域不断发展壮大，

湾区时尚总部中心

盈利能力保持行业领先。

未来，智能科技、数字创意、时尚设计等产业将集聚于此。2021 年，车公庙片区皇冠、泰然、杜邦等 8 个单元被纳入城市更新项目，拆除面积 55 万多平方米。片区升级改造正紧锣密鼓地围绕湾区科技、时尚、创投总部基地的产业定位展开，致力于构建产城融合的新型区域，打造全区首个连片改造升级范本。片区将设立人工智能总部基地，将车公庙片区打造成为福田区人工智能基础资源与创新平台。导入时尚总部企业、国际时尚媒体等产业价值链稀缺资源，完善街区文化、旅游、体育服务功能，凸显时尚中心区位优势。同时瞄准投融资全球最佳实践地的目标，以风投资本赋能科创企业，规划建设创投总部大厦，吸引、培育具有较强国际知名度和行业影响力的创投机构和银行类企业，未来共同在这片热土上书写投融资的新篇章。

如今，车公庙片区泰然一更二期项目已开工建设，国融地块项目建设如火如荼，皇冠项目清租有条不紊……一幅幅干事创业画卷在这里展开。城市更新完成后，车公庙片区将提供超百万平方米的优质产业空间和配套空间，这将极大地推动区域的产业集聚和升级，为深圳建设高端、高质、高新产业链提供坚实的土地保障。

独有生态：中心城区的天然氧吧

2022 年 11 月 5 日，国家主席习近平在《湿地公约》第十四届缔约方大会开幕式上提出："中国将推动国际交流合作，保护 4 条途经中国的候鸟迁飞通道，在深圳建立'国际红树林中心'，支持举办全球滨海论坛会议。"2023 年 9 月，国际红树林中心正式落户深圳福田，深圳红树林成为全球焦点。

触手可及的城市瑰宝。位于沙头街道南部的福田红树林自然保护区是红树林湿地的主体，也是中国唯一处于城市腹地的国家级自然保护区，面积约 367 公顷。红树葱郁、水岸相缠，为数十万计的候鸟筑起了万里迁徙的中转港湾。这里除了红树林植物群落外，还有其他植物 55 种，白琵鹭、黑嘴鸥、小青脚鹬等鸟类 189 种。被称为"鸟类大熊猫"的黑脸琵鹭，全球仅 6000 多只，在此落脚的就有 300 多只。如此独特的生态环境和丰富的生物资源，使得福田红树林自然保护区被"国际自然与自然资源保护联盟"列为国际重要保护组成单位之一，是当之无愧的城市瑰宝。

科教一体的知识殿堂。红树林湿地兼顾生态科研与科普教育功能，其丰富的生态资源和多样的生物种类，为科普教育提供了绝佳素材和场景。红树林生态公园总面积约 38 公顷，是深港湿地的生态廊道。同时，红树林生态公园还开启了市民公众亲近湿地、了解和学习环境保护之门，因此被称为"深圳湾的一把小钥

深圳 78 街 全景画像（福田）

沙头街道

福田红树林自然保护区

匙"。红树林生态公园荣获全球首批"湿地教育中心星级奖"，也是深圳首家国家级科普教育基地。青少年儿童可以在这里通过触摸互动、红外操控等多元交互形式，深入雨林，体验式地感受湿地地貌环境的起伏变化，目睹候鸟在此栖息繁衍。生态公园的飞蓝堤，是原新洲河的河口，熟悉它的志愿者亲切地称呼它为"老河口"。这里是深圳观鸟爱好者的胜地，每到观鸟季，众多的鸟儿各自展现个性：鹭鸟静立、褐翅鸦鹃倏忽远去、黑脸琵鹭埋头左摇右晃、野鸭在水中漫游、白胸苦恶鸟在林间踱步，展现出独特的优雅姿态。

湿地保护的先行先试。 红树林生态公园每天早上 6 点到晚上 11 点向公众开放，通过"政府 + 社会公益组

黑脸琵鹭

红树林生态公园

织＋专业管理委员会"三维架构进行创新管理：政府负责公园建
设并把握发展方向；深圳市红树林基金会负责日常管理和运营，
广泛动员社会力量参与；专业管理委员会作为政府和基金会之间
的桥梁，对基金会的管理工作进行监督和考核，提供决策依据和
技术支持。作为全国首个受政府委托管理生态公园的公益机构，
红树林基金会在公园发展过程中发挥着关键作用，通过"社会化
参与的自然保护"模式开展一系列生态监测、保护、修复和资金
募集工作。2023 年 10 月，"平安生物多样性及环境保护慈善信
托"设立，深圳市平安公益基金会捐赠 1000 万元，这是国内首
只重点关注红树林生态保护的永续型慈善信托。政府与社会公益
组织的优势互补，扩大了红树林生态公园的社会影响力，实现公

园后期管理资金部分社会化募集。

独特品质：多样生活的理想家园

住在沙头，只要你愿意，生活休闲、吃喝玩乐，都能找到好去处。在这里，有24小时不打烊的车公庙青年潮玩聚集地；有微风习习、白鹭低飞的红树林海滨生态公园；有尽情释放多巴胺的体育公园。在这里，还有高水平的医疗服务、贴心的长者服务和党群服务……在这座充满魅力的城市，拼搏与汗水交织，快乐与惬意同行，令无数生活其间的人们心醉。

美食汇聚——流光溢彩的时尚潮玩聚集地。每当夜幕降临，位于车公庙核心地段的十亩地便招呼着来自五湖四海的客人。曾经的十亩地只是一大片破旧厂房，自2015年改造后，摇身一变，成为深圳中心区人气流量地。在十亩地停车场待上10分钟，就会发现身边围绕着奔驰大G、兰博基尼、宾利等名车豪车，如同夜间国际名车展，令人目不暇接。这里有新晋的茶饮品牌"野萃山"，以"果汁中的爱马仕"闻名，还有同样闻名的网红老牌茶饮"813"，坐拥2300平方米的独栋店铺，24小时营业，深受年轻人喜爱。以禄婶鸡煲为代表的美食餐厅，即便到凌晨两三点，仍有食客在排队等候。除了吃喝，十亩地还是动感生活的集散地。LABEL CLUB 酒吧，曾经是深圳最新的 Hiphop 主题酒吧；Commune 啤酒公社，号称深圳酒水博物馆，拥有深圳 TOP 级长的 30 米大酒柜，上千款酒水任选。如今，十亩地已被纳入车公庙连片升级改造规划之中，其多年来积累的商业经济、消费经济、夜间经济等优势将在升级改造后得到全新的提升和展现。

悠闲踏青——与风同行的都市休闲绿道。 起于新洲路、西接红树林的福荣都市绿道全长约 3.08 千米，面积约 10.27 万平方米，是一条体育健身型绿道，由原高速公路隔音林带改建，精心设计了运动、休闲、文化三大主题区域，并配备了儿童公园、特色廊架、原木栈道、文化浮雕等配套设施。其中，设有羽毛球场、篮球场、门球场、太极广场、慢跑径等健身场所，还沿线设计了自行车道，连接福田红树林生态保护区和红树林海滨生态公园。它像一条绿色的纽带，贯穿翠湾、沙嘴、金地等 7 个社区，惠及沿线居民。绿道以"自然、生态、雅致"为基调，以森林生态环境为特色，一侧是繁华的城市景象，另一侧是宁静的湿地风光，闹中取静，让人目不暇接。在绿道走累了，还可以到红树林海滨生态公园，一边近距离欣赏红树的奇特生态特征，一边在草坪上悠闲地野餐，享受那份人在城中、心在郊野的惬意。

活力文体——健康快乐的动感生活。 位于沙头街道金地社区的福田体育公园，占地面积约 6.3 万平方米，总建筑面积逾 10 万平方米，共有综合体育馆、室外灯光体育场、室内恒温游泳馆等

福荣都市绿道

福田体育公园

多板块运动场馆，是 2011 年世界大学生运动会的指定比赛场地和 2023 年全国击剑锦标赛的比赛场地。

位于金城社区的福田海滨生态体育公园，于 2021 年 9 月开园，是全国首个在污水处理厂上建成的足球主题体育生态公园。公园占地面积约 7.6 万平方米，其中体育设施面积约 3.12 万平方米，设有标准 11 人制足球场 2 个、标准 8 人制足球场 4 个和标准 5 人制足球场 2 个。在园区内，还有一座彩虹桥和音乐步道，步行其间，踩在具有声光特色的 LED 发光钢琴键上，音乐声便会萦绕在脚边，独具浪漫与乐趣。福田海滨生态体育公园以其独特的创意和卓越的设计，荣获全国年度最佳体育创新奖。市民可通过"福田文体通"一键预约使用场馆，足球场全年免费向市民开放 40 天。经与 AC 米兰等 9 家专业青少年足球培训机构合作，现

福田海滨生态体育公园

已建立福田青少年足球培训高水平训练平台，先后举办了"深圳杯"业余足球联赛、全民健身节等赛事活动。在这里还有定期举办的广场舞、国民体质测定、体育主题讲座、论坛、沙龙等活动，是市民休闲活动和运动健身的好去处。

医养融合——高水准的健康保障服务。坐落于金城社区的香港大学深圳医院，是由深圳市政府全额投资并引进香港大学现代化管理模式的大型综合性公立医院，总投资约40亿元人民币，拥有床位2000余张，现已启动二期工程建设，未来床位将增至3000张。

位于新洲社区的深圳新风和睦家医院是一所综合性私立医院，以全科医疗为核心，结合高水平专科服务，

香港大学深圳医院

致力于为大湾区居民提供国际标准的健康管理和医疗服务，与香港中文大学（深圳）医学院合作，提供临床教学。联合外籍、港籍医生线上或者实地出诊，拥有永久电子病历系统和提供微商城等便捷服务。作为国际医疗服务试点单位，该医院有力推动了跨境医疗合作，为患者带来了全方位的健康关怀和便捷的就医体验。

沙头街道老龄化程度较高，60岁以上的老年人口占比已超过6%。为满足辖区老三人的生活照料、膳食、健康、文化娱乐等服务，沙头街道采用"政府+社会资本"的合作模式，建设了集社区、机构、居家、智慧、医养、康乐六位一体的都市养老综合体。在沙头街道区域内，现有公办和私立的长者服务中心3个，床位605张，可为辖区居民提供养老、日间照料、长者食堂送餐、个性化居家上门服务、医养结合等服务项目。除此之外，还在服务中心配置颐居室、感官训练室等20余类功能区，居民可通过个性需求选择不同的服务中心接受订单式的服务。2023年，沙头街道被评为"国家智慧健康养老应用试点示范街道"。

应急响应——高效能的基层韧性治理。2022年初，沙头街道出现新冠疫情病例，面对辖区内城中村人多楼密、病例多点暴发、传播链条不清的严峻态势，沙头街道建立扁平化的疫情处置战时指挥体系和"大小双圈"围合的管理模式，快速实现区域管控、病例快转、增量清零。同时在全市率先开设了"宠物驿站"全周期托管模式，安排专人24小时看护，为群众解决"毛孩子"的后顾之忧。

疫情的千锤百炼，也推动了基层治理的有益探索。2023年9月，深圳市普降极端特大暴雨，凭借着优化升级的平急转换"一键启动"应急响应体系和网格化精细化管理机制等一套基层治理体制机制，沙头街道平稳度过这次紧急事件，韧性城区特质凸显。

在沙头街道，生活本身就是一首充满活力与朝气的赞歌。无论是城中村的历史文化传承，还是KK ONE、中洲湾的时尚生活商圈，每一处变化都映射着深圳的开拓精神和创新成就。在这里，传统文化与现代发展和谐共生，经济的繁荣与生活的娱乐完美融合。每位居民都能在下沙展览馆前感受历史的厚重，在黄思铭公世祠中体会文化的传承，在红树林中享受自然的宁静。沙头街道不仅是一个居住的地方，更是一种生活的态度．一方文化的传承，也是一艘梦想的航船，载着对美好生活充满追求的人们扬帆起航。

梅林街道
Meilin Subdistrict

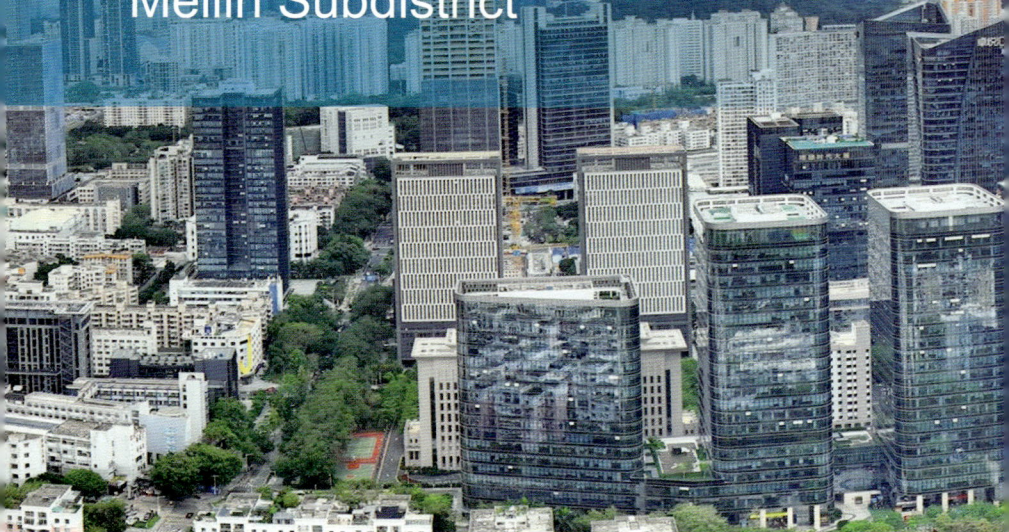

提起梅林街道，你会想到什么？是青山绿水交相辉映、闹中取静的城央桃源；是人文底蕴贯通古今、融通中外的文化宝地；是八方厨神争香斗味、炊烟四起的美食天堂；抑或是极客大牛探索前沿、浪尖弄潮的创新福地？

梅林街道位于福田区北部，这里四区交会，

北接龙华，东邻罗湖，西连南山；这里梅林山、银湖山、塘朗山三山环抱；这里梅林水库、莲塘尾水库、禾镰坑水库三水辉映。辖区面积约 18.17 平方千米，下辖新阁、翰岭、孖岭、梅都、梅亭、上梅、新兴、梅丰、龙尾、梅河、梅林一村、下梅、梅京 13 个社区，现有住宅小区 107 个，截至 2023 年底，常住人口约 20.24 万人。

蝶变五彩梅林 闪耀数字智谷

梅林街道

梅林街道位置示意图

　　从区位上看，梅林街道地处深圳城市坐标中心轴，背靠梅林山，面向深圳湾，一边见证着中心城区的繁华喧嚣，一边又享受着自然生态的闲情逸致；从文化上看，梅林既有厚重的红色文化资源，又有多元的民族、宗教文化和现代艺术文化；从生产生活上看，梅林既有新崛起的 5G 和芯片产业，又葆有老城区浓浓的市井烟火味。

近年来，随着深圳"数字智谷"发展定位的确立，一座座产业园区拔地而起，一家家企业竞相入驻，梅林正凭借东风，成为城市发展的新引擎，逐步形成了山水韵、文艺范、烟火味、科创风、地域情5张亮丽的名片，"数字智谷、五彩梅林"在深圳中轴线上从容崛起。

山水韵：以青山绿水绘就山水梅林

如果你要领略超大城市中心城区的山水，你一定要来梅林；如果你要全方位眺望大湾区，你更要来梅林。梅林，坐拥福田区72%的山林，是全区的城市后花园和森林"氧生殿"；拥有福田4座水库中的3座，灌溉着一方沃土，养育着一方民众。2023年底，围绕绿美广东生态建设，梅林街道发布了全国首个街道级生物多样性图谱，共观测到植物157科、500属、720种，包括国家一级保护植物仙湖苏铁和国家二级保护植物4种；观测到高等脊椎动物159种，包括国家重点保护野生动物14种、"三有动物"①112种。梅观路上方鲲鹏径1号桥的贯通，更是为野生动物搭建了通行空间。梅林正以绿美山水灵动福田，福泽鹏城。

都市中的"原始森林"——梅林山公园。梅林山公园是深圳市中心区唯一的大型原生态公园，总面积达6.9平方千米，公园

---

① 有益、有重要经济价值、有重要科学研究价值的陆生野生动物。

内梅林溢彩、梅山石趣、梅峰流霞、梅川曦照、梅韵掬香、梅海听涛六大景点布局错落有致，一步一景，富有层次。公园中部被梅林水库分隔成南北两大片区，南区的景观以山地公园为主，设有登山道、休憩亭等，最高处有一座梅语亭，游客在这里可以直观深圳最高峰梧桐山与香港最高峰大雾山同框的全貌；北区主要是郊野径，更适合进行户外徒步活动，其中大脑壳山是梅林山最高峰，也是深圳中心城区360度全景的最佳观景平台、徒

梅林山公园

步爱好者的必征之地。考虑到人们的多样需求，公园还有深圳第一条全长 3.8 千米的三作步道，登山者可以沿绿道徒步，道路笔直，节省力气；也可以沿石阶攀登，高低起伏，徐行闲逸；还可以沿原生登山路径追溯，路线曲折，充满野趣。这里每天都吸引着络绎不绝的市民前来散步、慢跑、攀行，他们享受着大自然带来的宁静与舒适。

CBD 的"生命之源"——梅林水库。深圳市中心还有晚石炭纪的种子植物保护区？没错，它就在梅林水库之畔。这里的仙湖苏铁自然保护小区保育着超 4800 株的野生仙湖苏铁种群，占

梅林水库

全球数量 70% 以上。这种植物的起源可追溯至近 3 亿年前的晚石炭纪，是现存最古老的种子植物之一。仙湖苏铁自然保护小区是深圳设立的第一个自然保护小区，已成为深圳市乃至我国生态文明建设的一张亮丽名片。梅林水库还是一个欣赏湖光山色、共度美好时光的好去处。在融合自然与人文元素的水库大坝上，覆盖着郁郁葱葱的植被，与蓝白相映的天际和碧波荡漾的水库交融成趣，构成了一幅宛如宫崎骏动画中的画面。水库水质清澈，为全区居民提供了优质的生活用水，也为城市的环境保护和水资源管理做出了重要贡献。无论是清晨还是傍晚，梅林水库都深受市民朋友青睐。清晨，人们沿着水库边缘漫步，进行晨跑锻炼，享受大自然赠予的清新空气和宁静氛围；傍晚，人们又纷纷来到这里驻足观赏夕阳美景，感受大自然的温馨与浪漫。

五园连通的"生命通道"——鲲鹏径 1 号桥。你想在一座桥上和豹猫、果子狸、猕猴等野生动物来一场擦肩而过的偶遇吗？那就来鲲鹏径 1 号桥吧。作为深圳市"山海连城"计划的重要部分，鲲鹏径 1 号桥是深圳首个集人行步道、野生动物生态廊道于一体的廊桥，也是全国首座大跨度装配式生态廊桥。鲲鹏径 1 号桥遵循自然山体形态特征，利用植物对人行步道与野生动物廊道进行分割，在两山之间为野生动物创造了迁徙和觅食的

鲲鹏径 1 号桥

宝贵空间。在功能选择方面，廊桥步行道、骑行道宽敞平坦，适合休闲散步和慢跑骑行，而观景平台视野宽阔，是许多摄影爱好者心目中的首选之地。在细节设计方面，鲲鹏径1号桥融入了现代生物学理念，桥梁铺设的石块考虑了豹猫等小型动物习性，并以小动物喜爱的花香类、浆果类植物作为绿化植被，不仅增强了鲲鹏径1号桥的生态价值和人文内涵，还提升了市民参与绿美生态建设的认识和保护自然环境的热情。鲲鹏径1号桥自贯通以来，不仅吸引了众多徒步爱好者前来跨越梅林山、穿行银湖山，还成为跑步、骑行及摄影爱好者心中新晋的网红"打卡"点。在这里，人们可以尽情挥洒汗水，享受运动带来的乐趣，同时，还有机会偶遇各种鸟类、昆虫，甚至豹猫、果子狸、猕猴等可爱的小动物。

文艺范：以多元交融沉淀文化梅林

若你渴望在深圳这座国际化大都市中体验历史与现代的多元文化交融之美，梅林无疑是你不可错过之地。梅林街道是福田区革命遗址最多（全区6个，梅林4个）、革命老村最多（全区5个，梅林2个）的街道，既有深圳革命烈士陵园、深圳党史馆等红色文脉赓续，又有深圳市清真寺、基督教深圳堂、三圣宫、龙母宫等宗教文化共生；既有深圳歌剧舞剧院、郎朗音乐世界等现代艺术文化熏陶，又有梅林凉帽、围裙带编织技艺等非遗文化传承，更诞生出了非遗文化与现代艺术文化交融的舞剧代表作《咏春》。兼容并蓄的多元文化，构成了梅林的人文底色。

铭记历史、传承精神的红色文化。梅林街道上梅林村的梅庄黄公祠是区级文物保护单位。抗日战争年代，梅林地下交通线作为文化名人经香港转移到白石龙根据地的必经之地，见证了文化名人穿越封锁线、夜宿黄公祠、翻越梅林坳、顺抵根据地等惊心动魄的历史。这些历史人物和历史故事在梅林老一辈居民中口口相传，赓续绵延。步入上梅林村东南侧的深圳革命烈士陵园，映入眼帘的首先是革命烈士纪念碑，上面镌刻着"革命烈士永垂不朽"八个大字，碑座四面的浮雕生动再现了抗日战争、解放战争以及中国共产党营救被困在香港的进步爱国人士和国际友人的历史场景，让人仿佛穿越时空，感受到了那段峥嵘岁月的气息。再往前走，革命烈士纪念馆翔实记录了自1900年三洲田起义以来深圳地区革命烈士的英雄事迹，每逢清明、八一等重要节日，人们都会来到这里献上鲜花，表达对英雄们的深切怀念。位于上梅林林丰路2号的深圳党史馆主要由"红旗屹立深圳湾""社会主义新宝安""改革开放排头兵""新时代的先行示范区"四部分组成，系统介绍了深圳地区在中国共产党领导下进行革命、建设、改革和奋进新时代的奋斗史、探索史和建设史，也是市民游客参观学习、传承红色基因的重要基地。

深圳78街"全景画像"（福田）

梅林街道

深圳革命烈士陵园

112

和谐共存，兼容并蓄的宗教文化。梅林街道汇聚了多种宗教文化元素，深圳市清真寺、基督教深圳堂、三圣宫和龙母宫的存在，反映了深圳作为国际化都市的开放性和包容性。

深圳市清真寺主体建筑多采用白色或浅色调，配以精美的几何图案和阿拉伯书法装饰点缀，内部大厅设有精美的吊灯和地毯，墙壁上雕刻着《古兰经》经文。这里不仅是穆斯林信徒们进行宗教活动的场所，还是深圳对外交流交往、向"一带一路"共建国家和地区展示民族宗教工作实践成果的重要窗口。

基督教深圳堂外观宛如诺亚方舟，建筑面积达 8265 平方米，主体建筑高 28 米，十字架高达 70 米，弧形墙由东向西逐渐升高，内部空间宽敞明亮，主堂和副堂一次性可容纳 2000 多人，装饰有精美的壁画和雕塑。教堂不仅提供宗教服务，还积极融入社区公益慈善事业，体现了宗教团体的社会责任。

原名"三姓宫"的三圣宫，相传由下梅林村打鱼人为报答邹、黎、石 3 位神仙指引而建，后来，每逢农历初一、十五及各个节气，村民们都会前往进香、祭拜。20 世纪 90 年代，因修建道路需要，三圣宫旧址被征用，村民们又在梅林水库的山边按照三圣宫原来的模样和风格进行了重建，重建的三圣宫于 1999 年竣工落成。三圣宫不仅见证了历史变迁，还承载着村民的信仰与美好愿望，成为下梅林村郑氏家族的守护之地，是传统文化与现代生活相结合的典范。

龙母在珠江流域被视为慈爱、善良和力量的化身，位于深圳

基督教深圳堂

市福田区上梅林村的龙母宫相传是当地的渔民为报答龙母的庇佑而建。龙母宫建于明代，后于清乾隆年间重修，因此建筑风格外观为清代风格，而内部的石作结构和布局仍保持着明代风格，承重的柱子和部分额枋都用花岗石制成，淡灰的颜色展示着年代的痕迹。1999年，龙母宫被福田区人民政府设为区级文物保护单位，它不仅见证了深圳的历史变迁，也是人们了解深圳历史文化的重要窗口，吸引着众多市民游客前来参观。

创新活力，展现魅力的现代艺术文化。说到深圳现象级文化热点，就不得不提《咏春》，这便是由位于梅林街道的深圳歌剧舞剧院匠心打造的文化精品。深圳歌剧舞剧院依托梅林片区兼容并蓄的文化底蕴和创新进取的精神品质，短短几年时间，已成为国内极具影响力的演艺机构，舞剧《咏春》以深厚的文化内涵和精湛的艺术表现，累计获邀海内外巡演超 200 场次。2024 年国庆前后，《咏春》再次圆满完成伦敦与巴黎的巡演之旅，受到了海外观众的深切喜爱与高度认可。作为郎朗在深圳落户的首个艺术机构，2023 年 8 月 18 日，深圳郎朗音乐世界乔迁至 A PARK 深圳数字艺术公园，为梅林街道的文化建设添砖加瓦，不仅为辖区青少年提供高水平的音乐教育，还定期邀请国内外著名钢琴家前来授课，为青少年搭建更多接触艺术、实现梦想的舞

《咏春》剧照

台。作为湾区文化名人，郎朗本人还多次为梅林的文化、山水、生活代言。积极参与梅林生物多样性保护并亲自录制视频参与图谱发布，组织钢琴团队深入梅林公园古荔林开展"听见四季的声音"梅林公园四季音乐会，吸引近千位市民聆听。以音乐为媒推介梅林美食，吸引超50万人次参与，进一步提升了梅林街道的知名度。

烟火味：以万家灯火点亮品质梅林

梅林的生活气息从烟火味里充分地体现出来。谁能想到，在福田这片寸土寸金之地，还有一座近 10 万平方米的综合型农产品批发市场。这正是位于梅林街道的福田农批市场。每日新鲜供应的食材，成为中心区千家万户餐桌上的汤羹饭菜，也催生出梅林街道丰富多样、琳琅满目的美食风味。小小的街道辖区内聚集了 893 家餐饮店铺，其中 11 家更是凭借独到口味荣登 2024 年"大众点评"必吃榜，分布数量居全市各街道之首。梅林，正以其独特的市井烟火与繁华景象，静候每一位热爱生活、向往美好的人前来细细品味。

市中心区的"超级菜篮子"。无论你是超级"煮妇"或"煮夫"，还是想带一点土特产回家的游客，来福田农产品批发市场，这里应有尽有。福田农产品批发市场位于梅林路 110 号，是市中心区唯一一家集农副产品批发、配送、零售业务于一体的大型综合类市场，市场经营面积近 10 万平方米，设有蔬菜、水果、花卉、淡水鱼、副食品五大交易区和粮油、饮料、水产干品、禽蛋、冻品、土特产、中药材七条专业街，经营着 12 大类近万个品种的农副产品。在大多数人还熟睡的时候，福田农批市场的露天市场就已经苏醒，各个档口的老板奋力从满载货物的车厢中卸下还带着露水的蔬菜，新鲜的农产品不过 14 个小时就能从菜园抵达深圳人的餐桌，日均到货量达 2000 吨至 4000吨。此外，福田农批市场会定期举办各种文化活动，"农批年货节"期间还专门开通了往返"福田口岸—福田农批市场"的免费直达巴士专线，满足深港居民一站式购置年货的出行需求。

福田农批市场

24 小时"不打烊"的美食港湾。吃惯了山珍海味，不如来这里换换口味，绝对让你有滋有味。梅林生活中心位于梅村路和北环辅道交会处，由旧厂房改造而成，经改造后于 2019 年 12 月正式开业，成为一座崭新的拥有四层空间近 10 万平方米的现代化购物中心，汇聚了天南地北的各种特色餐饮，满足消费者的不同口味需求。连续多年入选"大众点评"必吃榜的胡哥烤肥牛梅林总店是年轻人聚会的首选之地，胡哥和珍姐两口子从梅林的路边摊开始，到后来进入梅林生活中心，再到在全市拥有 4 家店，近 20 年不变的味道和实惠的价格让店面人气十足，其招牌肥牛肉质鲜嫩多汁，放入烤盘嗞嗞作响，搭配秘制干料和蒜蓉辣椒汁，每一口都是极致的享受。而粤笙记·陈皮花胶鸭的新会陈皮花胶鸭，汤底以新鲜的猪大骨和鸡肉搭配陈皮、花胶，先慢炖数小时熬制出浓醇高汤，再将肉质紧实鲜嫩的青头鸭肉放入锅内烹煮 25 分钟，鲜浓的汤汁锁入鸭肉，陈皮的清香与花胶的胶质感完美结合，口感层次丰富，令人回味无穷。

在梅林生活中心外围，还有梅华路、中康路、上梅林新村等美食聚落，散布着天宝兄弟、冰村大叔、大聪烧鹅等特色美食店，每一家平凡却又地道的馆子，都是构筑"美食港湾"的一分子，它们让梅林的烟火气、松弛感和人情味经久绵延。

陈皮花胶鸭

　　一个叫"一个公园"的公园。A Park 深圳数字艺术公园是由"成丰电子厂"的旧厂房改造而来，一经面世，即成为一座集艺术、生态、人文于一体的潮流文创公园。园区占地面积约 6.5 万平方米，G 层的漫氧公园提供的广阔的绿地空间，是市民休闲放松的理想之地；1 至 2 层红砖小镇汇聚各类创意店铺、艺术展览与文化活动，成为艺术与文化的交汇点；3 至 6 层的发条工厂配备办公空间、创意工作室与多功能会议室，为创意产业提供孵化与成长的沃土。截至目前，园区已吸引包括郎朗音乐世界、乾派文化等文化机构，以及振业华舍公寓、CITIGO 欢阁酒店和多家品牌咖啡馆等 57 家企业入驻，共同构成了丰富多彩的园区业态。A Park 通过定期举办艺术展览、文化讲座、手工艺制作、公益交友音乐会等活动，为市民提供丰富多彩的文化体验，特别是在

A Park 深圳数字艺术公园

承办第二十届文博会福田区配套活动之"A Park 燃动城市艺术交响之旅"期间，通过一系列精心策划的音乐会、艺术展览、咖啡品鉴和宠物用品交换等活动，为广大市民和游客带来了一场视觉、听觉、味觉三重享受的艺术体验，成功塑造出 A Park 公园"科技＋潮玩＋文化"的城市新 IP。

科创风：以数字智谷培育创新梅林

福田燃机电厂、成丰电子厂……那些昔日里轰鸣的机器与繁忙的厂房，在科技创新的浪潮与产业发展的驱动下，褪去了旧日的尘埃，蝶变为高科技产业和新质生产力的沃土。今天的梅林，一股盎然生机扑面而来，5G 技术、芯片技术、人工智能等前沿领域的火花在新一代产业园交相辉映，仿佛能触摸到创新与梦想跳动的脉搏。创智云、卓越城、金科城、华强科创广场、中粮大悦广场……一个个响亮的名字，不仅代表着一个个新兴的产业园区，更是梅林片区"数字智谷"创新与梦想的代名词。

工业老区，奋斗历史。1990 年 1 月，福田区正式设立，梅林这片工业老区热土迎来了全新的发展机遇。同年，福田燃机电

原福田燃机电厂

厂在梅林成立，为福田的建设与发展注入了强大动力，成为福田区乃至深圳市的重要能源保障。在那个电力短缺的年代，承载着无数人期望与梦想的福田燃机电厂经过紧张而有序的建设，两台先进的燃气发电机组分别于1991年3月和1992年3月顺利投产，从投入运营到2005年底，这两台机组累计发电量高达25.78亿千瓦时，不仅满足了福田区日益增长的电力需求，更在关键时刻为深圳市的电力供应提供了有力的保障。每当夜幕降临，华灯初上，福田燃机电厂的灯光总是那么明亮而温暖，它不仅照亮了福田区的每一个角落，更照亮了无数人的心房。时代的车轮滚滚向前，福田燃机电厂在完成其历史使命后，逐渐落下帷幕，而继承其创新与奋斗精神的深圳新一代产业园，在其旧址上拔地而起。

勇立潮头，创新一代。坐落于深圳中轴北端的深圳新一代产业园是深圳首个以"5G"为主题的高端创新产业园，聚焦发展智能科技、数字科技、5G应用及金融科技，园区主要由6栋5A甲级写字楼组成。在明确的发展战略指引下，园区引入和培育的企业覆盖了5G产业链的各个环节。2021年1月，从华为独立出来发展的荣耀集团正式从深圳坂田天安云谷搬迁至深圳新一代产业园，将集团研发总部落户于此。随着深圳市"20+8"产业集群发展战略的深入推进，除荣耀之外，深圳新一代

深圳新一代产业园

产业园还引进了包括物美集团、深圳天使荟、国家金融科技测评中心、国家 5G 中高频器件创新中心等各类企业，形成了庞大的智能经济和数字经济的"生态圈"，被工信部认定为"中小企业特色产业集群"。

万物云城，引领未来。想象一下，当科技神奇的魔法棒轻轻一挥，我们的工作空间不再局限于实体的楼宇之间，而是跨越时空的界限，在虚拟与现实交织的云端世界里自由翱翔，在这样的背景下，"班味儿"——那份传统办公空间的独特氛围，或许会变得不那么鲜明，但工作的本质与价值却将在新的维度中得到升华。与深圳新一代产业园南北相望的深圳创智云中心便致力于打

造一个万物相连、引领未来的未来智造中心。秉承"绿色、低碳、智慧、健康"理念打造的深圳创智云中心，分为 A 塔 32 层 148 米、B 塔 49 层 215 米，通过逐层独立的露台设计，让这座"会呼吸"的大厦成为梅林产业的新地标。深圳创智云中心自面世以来，便以其独特的魅力吸引了众多科技企业青睐，包括诺德股份、万物云

深圳创智云中心

等 10 余家行业大咖纷纷入驻。其中，万物云凭借其在住宅、商企与科技研发领域的深厚积累，成功构建了一个涵盖住宅物业服务、商企物业服务、智慧城市服务等多个方面的产业互联服务生态。截至 2023 年，万物云在全国范围内管理了 3483 个住宅物业服务项目、1958 个商企物业服务项目和 96 个智慧城市服务项目，业务覆盖 127 个大中城市，总收入超过 301.1 亿元。未来，深圳创智云中心将以数据为墨、以智慧为笔，勾勒出一幅幅充满无限可能的未来画卷。

地域情：以共建共治打造活力梅林

幸福，不仅是岁月静好中勾勒出的安宁画面，更是源自心灵深处那份对梦想不懈追求的炽热情怀。在革命年代，梅林人的幸福犹如一盏明灯，为文化名人照亮了心灵的避风港；步入改革开放的新篇章，梅林人的幸福化作一首激昂奋进的交响乐章，见证着老一辈深圳人勇于开拓、敢于拼搏的壮丽史诗；而今，在新时代新征程上，梅林人的幸福更像是一幅细腻铺展、温暖人心的画卷，它不仅细腻地融入了党群服务中心的关怀之中、小区的和谐共融之内，更在每一位居民洋溢的笑容里灿烂绽放。

党群情深——社区服务的"流量之星"。如果你来到碧波荡漾的梅林水库边悠然漫步，随着人流涌动，会发现藏在居民小区中间的梅林一村社区党群服务中心。走近你会发现，这里俨然已成为周边居民的全能生活中心。在这里，智慧食堂以 AI 人脸识别、自助称重计价、智能营养搭配，每天为居民提供 12 道不重样的营养可口菜式，日均吸引超 1300 人次就餐；孩子们在童乐空间、绿美书吧里游乐嬉戏、徜徉书海；年轻人在健身房、社区夜校里挥洒汗水、学习充电；老人们在多功能活动室、雅趣书院中轻舞飞扬、挥毫泼墨；热心居民和志愿者们在乐为小站、居民议事厅里品茶论道、贡献智慧……日均超 3200 人到访，见证了社区党群服务中心"党建 + 服务""公益 + 运营"改造后的澎湃活力。

邻里互助——小区和谐的幸福密码。漫步于梅京社区莲塘尾半山片区的碧道，你会发现一个特别的现象，旁边公路上不少车辆车身都贴着"半山情 搭把手"的温馨标徽。如果你走累了，只要轻轻招手，车主便会热情停车，陪伴你一段温暖的同行，这便是源于半山上兰江山第小区邻居们发起的"搭把手互助公益联盟"。位于梅林街道莲塘尾半山之上的兰江山第小区建成之初也曾面临配套设施匮乏等问题，但随着时间的推移，兰江山第不仅克服了这些困难，更在邻里间搭建起了温情的桥梁，300 多位邻居加入"搭把手互助公益联盟"为居民出行"搭把手"；而每年超 800 人参加的"兰江情长桌宴"，以及从年初到年尾的跨年接力跑、"三八"女神节、"九九"敬老节等系列活动，更是将这份温情推向了高潮。兰江山第小区以他们的邻里情，感染着周边的小区，共同绘就一幅幸福生活的美好画卷。

互嵌共融——民族团结的生动实践。在深圳这座以经济发展为引擎的现代都市中，民族宗教的盛大庆典如同一股清新之风，展现着这座城市包容和谐的文化风貌。每当迎来穆斯林群众的开斋节和古尔邦节之时，梅林街道的翰岭社区便化身为穆斯林群众

深圳市清真寺

虔诚祈福的欢乐海洋。当晨曦初照，近万名穆斯林群众身着节日盛装，如潮水般涌向这座矗立在繁华都市中的深圳市清真寺。此时此刻，琉璃瓦在阳光下熠熠生辉，与穆斯林群众脸上的笑容交相辉映，构成了一幅动人心弦的画面。在这片充满和谐与喜悦的土地上，回族、壮族、维吾尔族等25个少数民族居民亲如一家，他们共同编织着民族团结的温馨画卷。由各族志愿者组成的"石榴籽志愿服务队"，则身着统一的制服，面带微笑，穿梭在人群中，提供着周到的服务与引导。周边行驶的车辆和行人仿佛也被这份节日的喜悦感染，他们纷纷放缓脚步，降低声音，共同为民族同胞守护这一重要时刻。

　　站在深圳这座现代化都市之中，梅林街道以其独特的魅力，绘制出一幅幅生动的城市画卷。这里，山水与科技交织成诗，人文与自然和谐共生，创新与传统并存，活力与宁静共舞。展望未来，在"山水韵、文艺范、烟火味、科创风、地域情"5张亮丽名片的引领下，梅林将不断探索智慧城市建设的新路径，强化数字经济发展的核心动力，同时保护和弘扬自然生态与人文历史，让每一位梅林人都能登上属于自己的舞台，共同书写新时代高质量发展的新篇章。

华富街道
Huafu Subdistrict

你向往什么样的诗与远方？是晨光熹微中，被唤醒的沉睡山水；是暮色四合时，炊烟袅袅的烟火人间；还是星光追逐下，霓虹交织的繁华都市？在华富街道，无需长途跋涉，也无需规划遥远的旅程，无论是自然的宁静、生活的温暖，还是都市的繁华……你所向往的诗与远方，都能在这里找到落脚点。

　　华富街道于 1989 年 10 月正式挂牌成立；2002 年 9 月，华富街道一分为二，分设为华富、莲花两个街道；2009 年 7 月，再分设出华强北街道。目前，华富街道辖区面积约 5.74 平方千米，下辖莲花一村、莲花二村、莲花三村、新田、华山、梅岗、黄木岗、田面 8 个社区。截至 2023 年底，华富街道常住人口约 5.74 万人。辖区东起华富路，与华强北街道相连，西至彩田路，与莲花街道接壤，南临深南大道，与福田街道毗邻，北接北环路，与梅林街道相接，其如一只倒靴镶嵌在城市核心地带。

一半公园一半城 活力都市幸福地

华富街道

华富街道位置示意图

也许有人好奇，华富之"富"究竟体现在何处？这里的"富"不仅仅局限于物质的丰饶，更是一种全方位的富足，它富有生态、富有闯劲、富有活力、富有温情、更富有品质。在华富街道，既见都市繁华，又遇人间烟火。

近年来，福田区展望未来30年发展蓝图，开动河套深港科技创新合作区、香蜜湖新金融中心、环中心公园活力圈"三大新引擎"。华富街道作为"三大新引擎"之一的环中心公园活力圈核心腹地，将倾力建成一个充满活力、宜居宜业宜游的"幸福城"。

富有生态：一半公园一半城的宜居之地

曙光初透的拂晓时分，华富街道的"三园抱翠"犹如一幅细腻铺展的水墨画卷，缓缓揭开了城市的一隅秘境。这是一方被自然深情拥抱的土地，笔架山公园的苍翠欲滴、深圳中心公园的宁静致远、福田河的潺潺细语，与不远处莲花山公园的翠峰遥相致意。华富街道诚邀每一位宾客放慢脚步，细细品味这份隐匿于喧嚣之外的恬静与美好，感受都市生活里难得的纯粹与宁静。

笔架山公园，宝藏小森林。笔架山的名字源于其内3座主峰——笔俊峰、笔冠峰、笔秀峰，三峰东西鼎立，形似笔架，故而得名笔架山。该公园位于华富街道东北侧，占地总面积约1.46平方千米，以福田河为界分为山体园区和体育园区两部分。公园通过深业上城的空中廊桥与莲花山公园相连，南侧与深圳中心公园衔接，是公园式城市的重要组成部分。园内功能齐全，有垂钓区、草地滚球场、风筝广场、划船湖，有展览馆，有健身区，有儿童娱乐区，林荫六道上还屹立着百年古树，这里是远离都市尘嚣、放松身心的好去处。

笔架山公园

山脚下的笔架山体育公园，一座科技赋能的智慧体育园区。5G智慧步道，无需佩戴智能设备即可经人脸识别实现自动测速、分析热量消耗等；室外智能健身房，首次将专业体能训练技术应用到全民健身场地设施中，指导市民运动；AR智能互动屏，AR太极互动、AR切果达人、AR消垃圾等智能互动小游戏妙趣横生；更有足球、篮球、羽毛球、键球、乒乓球等多品类球场，满足市民各种运动需求……这里覆盖了不同年龄段的活动需求，既能"有氧"，也能"吸氧"，是当之无愧的城市氧吧。

"园河相依，人水相宜"的深圳中心公园。该公园前身是深圳市"800米绿化隔离带"，1998年深圳市政府决定将其改造成市级中心公园，成为深圳市中心的"绿肺"。公园南北长约 2.5 千米，总占地面积约 1.385 平方千米，福田河穿园而过，水清岸绿，是公园的一道亮丽风景线，也使得深圳中心公园成为深圳市第一批挂牌的湿地公园之一，是深圳山海连城格局中重要的纵向廊道、环中心公园活力圈的重要核心。

寻觅公园故事，邂逅历史人文。深圳中心公园的记忆园里，布设着旧时小卖部、修缮铺、牛拉车、竹制座椅及乡间村舍，以雕塑和黑白影像的形式静默讲述过去，映照着城区的往昔烟云与今朝繁华。在公园北端，静静坐落着 97 回归广场，中间矗立着造型独特的"97"数字雕塑，象征香港的紫荆花绽放其间。这座为纪念香港回归而建的广场，时刻提醒着我们铭记那段辉煌厚重的历史岁月，感受不朽的时代精神。

如今，这些公园更是转身成为多元文化交流的平台，展现出城市的包容与活力。笔架山公园的展览馆，朴素的圆形建筑掩映在丛林中，不定期举办书法作品展，自然气息与艺术人文在这里完美交融，滋养出独特的艺术氛围，给市民游客带来视觉与心灵的享受。还有中西文化交汇地的英语广场，通过举办英语文化节，激发市民学习英语的热情，让每一位来此的市民都能感受到多元文化的魅力。深圳中心公园更是深圳作为国际友好城市的辉煌见证。其"福田国际友谊墙"上，印刻着来自世界各地 12 位荣获"福田国际友谊奖"的专家、学者及企业家的卓越贡献；在靠近深南大道的公园"雕塑区"，矗立着多国赠送的艺术杰作，如法国维埃纳省议会赠送的《追求》和德国纽伦堡市赠送的《力

深圳 78 街——全景画像（福田）

发现另一个深圳

华富街道

深圳中心公园

量》，它们不仅是艺术的瑰宝，更是对深圳现代化与国际化发展历程的生动记录。

华富，坐拥"三园环抱"的优越地理位置，其每一寸土地、每一抹绿意，都被赋予了时光的温度和文化的深度，它们不仅是大自然的馈赠，更是城市文脉中不可或缺的组成部分。

富有闯劲：敢为人先的追梦之城

"敢为人先"是深圳的城市气质之一，华富街道也秉承并发扬了这份勇于探索、敢于突破的精神内核。华富街道成立了全市第一个街道党工委，打造了深圳经济特区内第一个实施城中村改造的典范——田面村，率先落地深圳老旧住宅小区"棚改第一村"——华富村东西区，探索建设职业教育"深圳样板"——深圳市第一职业技术学校……历经岁月变迁，华富街道始终勇立潮头，秉持着特区的使命和担当，敢想敢拼，持续涌动着创新活力。

城中村蝶变升级的"冲锋舟"。华富田面村，始建于清康熙年间，是福田区原 15 个农村中面积最小、人口最少的袖珍村，也是华富街道唯一的城中村。过去，田面村房屋破旧、卫生环境差、公共设施不足，又因其四周被深圳中心公园环绕，被人们戏称为"绿色锦缎上的一块补丁"。然而，就是如此不起眼的小村落，却以敢为人先之姿，化身改革浪潮中的"冲锋舟"。1992年，田面村委会进行了股份制改造，成立了田面实业股份有限公司。1997—2001年，公司启动了旧村改造，拆除田面上村、田面下村共109户旧房以及周边集体临时建筑，是特区内首个实施城中村成片自行改造的成功典范。改造后的田面村新建了齐全的市政设施，包括学校、幼儿园、青老年活动中心、图书馆、法制园地、社区保健中心、农副产品市场等，实现了由"补丁"向世界级生态景观带上璀璨的"城市明珠"的华丽转变。

著名的田面设计之都创意产业园也坐落在村内，吸引着国内外知名创意设计企业进驻，这一成就也得益于田面勇敢变革。田面设计之都创意产业园由田面工业区10栋旧厂房改造而成，项目改造前的田面工业区，集聚了诸如五金加工厂、小型印刷厂、汽车维修厂等低端产业，规模小、环境差，产业效益难以为继，欠租、跑路时有发生。2006年，田面村又一次率先尝试，将工业区租赁给深圳市灵狮文化传播公司，签约共建"田面创意设计之都"产业项目，"腾笼换鸟"推动田面产业结构从加工制造转向设计制造，打造深圳文化产业的一张亮丽名片。2010年，时任国务院总理温家宝调研田面设计之都创意产业园，与设计师们亲切交谈，鼓励他们发挥聪明才智，将深圳建设成创意之都。

如今，田面又一次站在时代浪潮的前端，秉持"以产引人，

田面村城中村改造前

田面村城中村改造后

田面创意设计之都

以人兴城"理念，以城衬园，以园映城，规划打造"田面国际文创小镇"，致力于将自身打造成为专业人才汇聚、单位面积经济效益显著、生态环境优美、具有世界级影响力的文创产业发展对话窗口。

小区破茧焕新的"试验田"。华富街道的居民小区已历经近40载风雨，逐渐烙上了岁月斑驳的痕迹，设备设施老旧残缺、交通路网拥堵不便、部分区域存在安全隐患……作为深圳早期住宅区的华富村，已经难以满足居民对美好生活的向往，改造升级的呼声越来越强烈。2017年，顺应时代需求，华富村东、西区正式踏上棚改新征程，被誉为深圳老旧住宅小区"棚改第一村"，拉开"老城区"向现代化宜居社区华丽转身的序幕。

华富村东、西区棚改前

　　在项目启动之初，华富村面临着艰巨的挑战。作为深圳棚改新政出台后由政府主导实施的首个棚改项目，由于没有可供参考借鉴的案例，完全是"摸着石头过河"。但项目进展却堪称"神速"——从启动到拆除，用时不足一年，尤其是 2343 户住户的意愿征集，在党员业主义工队自发协助下，仅用时 9 天，意愿征集同意率突破至 99.1%。此外，项目团队敢想敢干，大胆采用 BIM①数字建造技术，综合运用参数化和可视化手段，并引入最新一代"空中造楼机"等先进技术，不断刷新棚改的"深圳速度"。最终历经 6 年的努力，于 2023 年 9 月将

_____

① BIM，全称 Building Information Modeling，即建筑信息模型。

华富村东、西区棚改后

项目正式交付。新华富村集居、业、游于一体，树立了现代化都市品质人居的新标杆。

深圳职业教育扬帆起航的"先行者"。深圳市第一职业技术学校是教育部认定的全国首批、深圳第一所国家级重点中等职业学校。这所创办于 1983 年 9 月的学校，一直走在职业教育改革的前沿，被誉为"南国职教明珠"。学校着眼未来工程师的培养，以产教融合为核心，不断深化校企合作。它先后与腾讯、华为、汇川技术、航天信息等行业龙头企业签署了合作协议，推进校企合作育人模式，将一批批职业学生培养成高素质的技术型人才。特别是与制造业 500 强企业欣旺达公司合作建设的"现代学徒制"

项目，让学生在毕业时就能无缝衔接就业，真正实现了"毕业即就业"的目标。

技能培养，实践为王。学校建设有腾讯云计算实训中心、华为网络技术实训基地、网络安全攻防实训室等功能室，为学生提供了先进的实践平台。学校还一直秉持"以赛促学"的理念，将比赛视为磨砺学生技能的训练场和检验教学成果的试金石。近年来，学校约有560名学子在国家级和省级、市级职业院校技能大赛中斩获近330项大奖，成绩在全市领先。这些亮眼的成绩不仅证明了学校的教学实力，也展示了学生们扎实的专业技能和创新能力。在这里，学生们能够练就真本领，绽放属于自己的光彩，迈向更加宽广的未来。

富有活力：昼夜不息的现代都市脉搏

在华富，目之所及是蓬勃的活力与盎然的生机。摩天大楼拔地而起，勾勒出城市天际线的雄伟轮廓；街道车水马龙，人潮涌动，共同交织出一首繁忙而有序的都市交响曲。置身于此，你将深切感知一种向上生长的生命力。

华富的活力，首先体现在繁华的深业上城商圈。"MALL+品牌街+小镇"的全新模式，首店经济与网红经济的双重驱动，为商圈发展注入澎湃动能。深圳首家

深业上城全景

福布斯五星酒店文华东方酒店、全球首家 MUJI 酒店、华南首家老佛爷百货……纷纷落户深业上城，还有入驻的餐饮店，几乎都是深圳首秀，诸如深圳首家京盛宇专卖店、深圳首家香港精品咖啡代表 18 GRAMS、深圳首家太平洋咖啡旗舰店……首店集群效应在这里大放异彩，显著提升区域商业魅力，每天吸引无数时尚弄潮儿。

传奇品牌，文华东方酒店。在 2023 年度全球星级评级榜单中，文华东方酒店首度荣获福布斯五星称号，成为深圳首家也是唯一一家获此殊荣的奢华酒店。酒店客房可远眺深圳湾开阔天际线，近俯市中心繁华城景，以及四季常青的莲花山公园和笔架山公园。八家风格各异的餐厅，含米其林粤菜与顶层酒吧，成为区域美食新地标。此外，直升机观光、云端健身、30 米穹顶泳池，将科技与优雅完美融合，以其独特的风味和高品质的服务吸引着众多顾客。

华南首店，老佛爷百货。2023 年 7 月，法国知名百货商场老佛爷百货中国华南首店在深业上城正式开业，汇集了国内外 100 多个知名设计师品牌。商场的开业点燃了人们的消费热情，开业当日营业额超百万元。深业上城则创开业以来单日业绩新高，整体客流量突破 20 万人次，全场业绩超 2000 万元。

网红"打卡"地，深业上城彩色小镇。小镇以其独特的露天设计与鲜明的黄红蓝色调建筑群，在网络世界

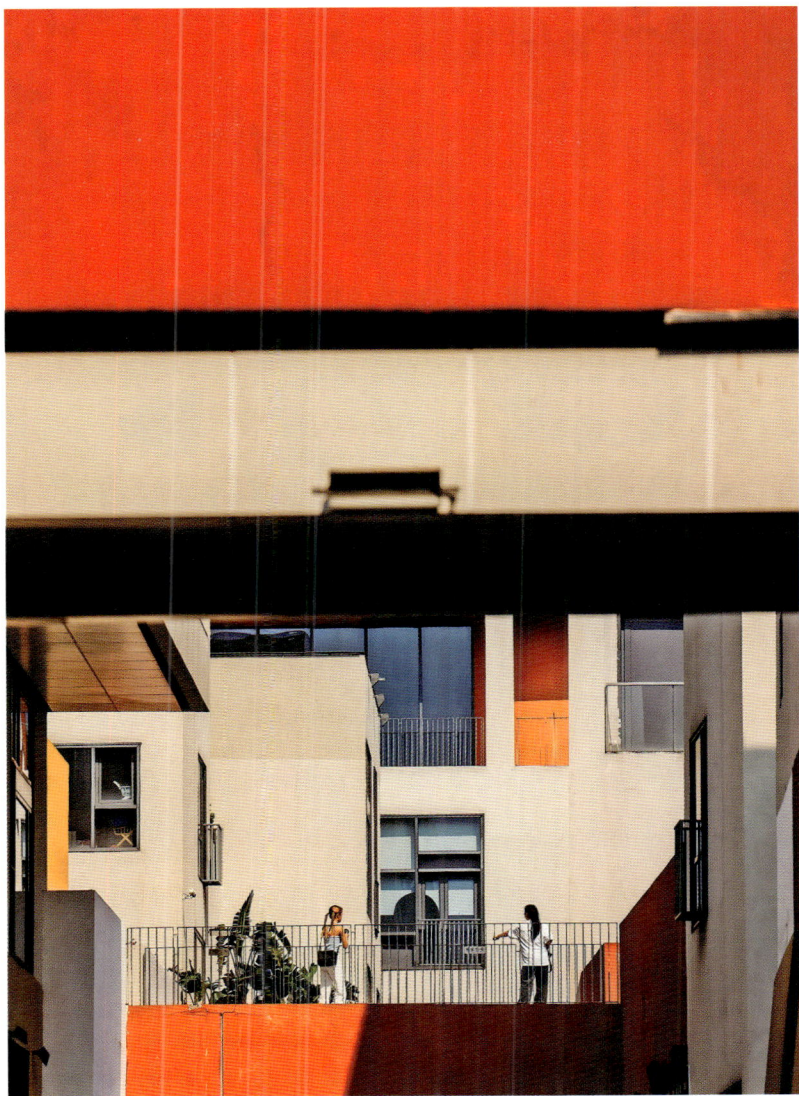

彩色小镇

中迅速走红，成为人们拍照"打卡"的热门目的地，为消费者的休闲时光增添了无限乐趣与视觉盛宴。

深业上城昼夜不息，是永不落幕的城市舞台。夜幕降临，华灯初上、霓虹闪烁，深业上城人流熙攘，焕发着无限生机。美食香飘四溢，撩拨着往来食客的味觉神经；温馨的咖啡馆，轻语着诗与远方的梦想。2023年，深业上城街区入选深圳市首批夜间经济示范街区，夜游、夜购、夜赏、夜市、夜演、夜读、夜展、夜娱，多元的夜间消费形式，丰富了深圳人的夜生活。

华富的活力，更体现在逆势中的创新突破。华富街道主要以公园和老旧住宅为主，产业主要集中在原彩田北工业区和国创中心小区域，除国创中心有部分科技型企业进驻外，暂未形成规模集聚效应，其他类型企业也较少，产业布局先天不足。在面临较小的体量与单一的产业结构等经济发展困境之时，华富街道始终致力于在逆势中寻求创新突破，不断寻找新的增长点和发展机遇，力求在有限的空间内实现经济结构的优化升级。

2023年，笔架山体育公园开园，吸引了稳定且可持续的大量人流。2024年，深圳五园连通启用，大湾区花展举办，人气高涨、火爆出圈，也让华富更加深刻地认识到市民对亲近自然、运动休闲、放松身心的追求和渴望，于是华富创新以"公园+商圈"的加法组合，探

粤港澳大湾区花展

索出以深业上城商圈为轴，笔架山、莲花山为两翼的"公园＋商圈"人产城融合的发展模式，打造人产城融合高质量发展的城市范本。

目前，深业上城既有城市公园带来的庞大休闲客群，又有文华东方酒店等带来的高端商旅客群，商场的整体客群质量相较于开业时上升了一个台阶，正朝着更高水准迈进。

富有温情：繁华城区中的烟火人间

在繁华城区中，散落着一抹抹鲜活的烟火气息，正是这些烟火气，让钢筋水泥构筑的森林有了温度，让忙碌的脚步有了停留的理由。它们提醒着我们，生活不仅仅是奔波，更是那些平凡瞬间的累积，是人与人之间最质朴的连接。在华富，每个人都能找到属于自己的角落，感受到那份属于城市却又超脱于喧嚣之上的宁静与安逸。

社区的菜篮子——莲花二村惠民街市。这个深深扎根于深圳人心中的菜市场，已默默服务超过 30 载，是深圳人日常生活中不可或缺的一部分。这里不仅是选购新鲜食材的首选地，更藏着几代人共同的美食记忆——滑嫩的肠粉、烧腊店的香酥烧鸡、潮汕汤粉面店……每一口都是儿时的幸福味道。

莲花二村惠民街市

泉水潮汕特色点心店，一家经营了 30 年的老店，凝结着两代人的坚持与匠心。店面经历了从老市场到惠民街市的两次升级改造，那份对邻里街坊的诚挚之心与知足常乐的生活态度却历久弥新。这份坚守让手工云吞、艾粄、小油条、肉饼、布仔豆腐等各式潮汕粿点，成为街坊邻里津津乐道的美食传奇。

华富处处藏匿着凝结岁月、沉淀时光的老店，莲花二村经营了近 30 年的正宗潮菜老店林兴阁、老资历的溢香饺子云吞和肥仔茶餐厅，还有莲花一村火爆了 20 年的蒙古风味酒楼那达慕、莲花三村的权记避风塘、梅岗笔架山食堂……它们共同编织着情感与时代的美食图谱，每一处都是华富烟火人间的独特印记。

烟火气息浓郁的城中村。 田面村虽然袖珍，却是个"麻雀虽小，五脏俱全"的宜居地。这里的商业生态多样而丰富，从超市到面食馆，从甜品咖啡到生活日杂，甚至还有汽车维修，让人感受到便捷与温馨。

这里更有几家特色小店在网络上走红，成为当地的一道亮丽风景线。如全国冰品必吃榜上的"叻冰"，每天变换的口味基于时令水果的新鲜度，顾客可以先尝后选，享受独一无二的甜蜜体验。深圳首家"刺瓜肠粉店"，招牌菜品以其独特的绿色外观和清新口感，以及丰富的配料，吸引了无数食客。还有那"微笑小馆"，藏匿着多种潮汕美食，黑糯米机粽粿的醇香软糯、油甘茶的回甘滋味以及普宁豆腐的外酥里嫩等，每一道菜都是对味蕾的极致诱惑。

微笑小馆

　　在繁华都市的喧嚣之中，华富的打工人过着一种独特的双面生活：白天投身于摩天大楼的快节奏工作，夜晚则回归城中村的怀抱，那里有熟悉的邻里和亲切的烟火气息。当夜幕缓缓降临，晚霞与城中村的万家灯火相互辉映，构成了一幅动人的城市生活画卷。

富有品质：高品质服务供给的乐享家园

　　不忘清风来时意，华富站在新时代的潮头，始终将群众的幸福放在心间，聚焦打造高品质服务高地，让每一位居民都能真切感受到生活的美好与城市的温度。

"科技＋文化"赋能党群服务中心主阵地建设。党群服务中心是党联系和服务群众的主阵地，华富紧跟时代潮流，以"科技＋文化"为双翼，创新服务方式，增强群众体验感、幸福感。

2022年，全国首个元宇宙体验党群服务中心在华富街道深业上城落地。这是"科技＋文化"赋能高品质党群服务的生动实践。在这里，"AR/MR＋自助扫码＋人工讲解"创新场馆导览体验；元宇宙科技"VR＋AI阅读＋全息成像"创新沉浸式红色教育；数字人"党建辅导＋咨询解答＋诉求收集"体系创新群众智能互动等。迈进党群中心，你将感受到"科技＋文化"与服务理念深

元宇宙穿越平行时空互动显示屏

度碰撞，这里的科技感、互动性和趣味性将带你进入一个沉浸式的体验世界。这种独特的魅力迅速吸引了市民大量关注，最高单日人流量达 5000 人次，成为群众"一看就爱、一爱就来、一来再来、一传千里"的党群服务中心。

2024 年，全市首个 AI 应用主题党群服务中心在华富街道莲花一村社区落成。居民群众可与 AI 机器人在棋盘上展开一场思维的博弈、跟着 AI 钢琴完成钢琴入门课程、体验 AI 机械臂精准的穴位艾灸疗法……党群服务中心以前所未有的"智慧"面貌，极大满足了居民群众对社区服务的新期待。这归功于华富对"党建＋服务""公益＋运营"模式的有益探索，通过引入市场主体统筹党群运营，企业自带资源打造 AI 琴房、AI 艾灸、AI 智习室等自助型公益空间，构建"公益＋微利＋市场化"服务框架，除每周提供海量公益服务外，也提供市场价 3—5 折的"微利"团课服务，满足不同群众的需求。同时，通过打造社区服务版"大众点评"，实现全街道辖区内各党群阵地的服务及活动在手机 App 上一屏统览、一键预约，开启了人工智能与社区服务融合发展的新篇章。

星罗棋布布局服务阵地。服务创新不仅限于党群服务中心，华富街道辖区内的服务阵地也在不断布局延伸，

AI 智慧钢琴

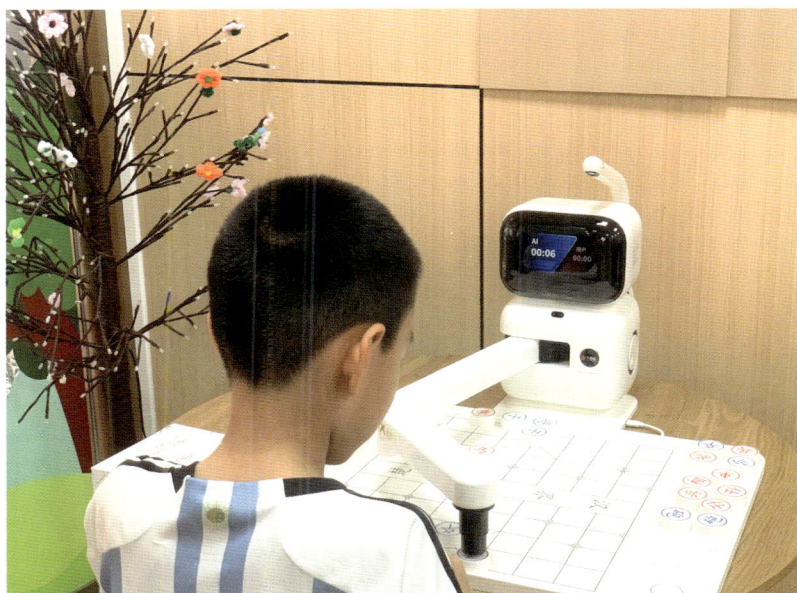

AI 象棋机器人

初步形成了星罗棋布的服务新格局。

华富街道在深圳中心公园创新将闲置核酸采样亭改造成了幸福小屋，在深业上城商圈创新推出幸福小镇，把党群服务延伸到公园商圈。以"定点轮值＋延时服务"模式，实现"全年365"品牌不下线、服务不打烊。周末"幸福小镇（小屋）"党员服务市集，撬动超100家共建单位积极推出精品共建活动，人气爆棚。

社区"边角料"化身系列幸福童乐园。2023年以来，华富以"成长的N种幸福"为故事主线，将社区零散的闲置空间串珠成链，建成田面"太空遨游"、黄木岗"幸福积木"、新田"星际漫步"、莲花一村"邻里活力"等11处幸福童乐园，打造专属于华富孩童的幸福集结地。

品质赋能"星阵地"构建开门可及服务圈。在华富，社区闲置空间、企业共享用房纷纷化身成服务阵地，党群服务的触角延伸至小区、公园、商圈；阵地功能通过科学规划、品质赋能，形成居民步行5分钟可及的优质社区"育儿圈""学习圈""运动圈""生活圈""爱心商圈"等服务网络，确保居民出门即可享受文化、健康、娱乐等一系列高品质服务，让城市社区生活的幸福成色更足、底色更亮。

华富，犹如一本厚重的书。每当你轻轻翻开，便会

华富街道星罗棋布"幸福+"5分钟便民服务圈示意图（以莲花二村社区为例）

发现其中蕴藏的每一个章节、每一处韵脚、每一幅风景、每一则故事，都是人们探寻幸福的重要索引。在这里，你将与未来直面相迎，在一步一履中，感受时代脉搏的跳动。也正是在这片充满活力的土地上，你将具体而真切地体会到，有一种特别的幸福，它就叫作华富。

香蜜湖街道
Xiangmihu Subdistrict

深圳78街
全景画像

1989 年 4 月，深圳市政府正式批准成立香蜜湖街道办事处，街道东起香梅路，西至侨城东路，南接深南大道，北抵北环大道，辖区面积约 9.56 平方千米，下辖香安、香梅、香岭、竹林、竹园、农园、香蜜、东海、侨香 9 个社区，截至 2023

年底，常住人口约 16.38 万人。在这里，105 个居民
区和 87 栋商务办公楼交错林立，超 12000 家企业在
此扎根，形成了一幅典型的城市商贸与居住区交织的
繁华图景。

园为友兮山为邻 香蜜湖畔金融芯

香蜜湖街道

香蜜湖街道位置示意图

在深圳人的心中，香蜜湖不仅仅是一个"湖"，它承载了一段历史，见证了一个时代的变迁。故事要从20世纪80年代说起，伴随着深圳经济特区的发展步伐，香蜜湖度假村开业，成为当时全国规模最大、设施最齐全的休闲娱乐胜地，吸引了成千上万的海内外游客。水上乐园的欢声笑语、美食城的香气四溢、赛马场的激情欢呼、娱乐城的灯火辉煌……这里留下了无数人美好而难忘的回忆。

时代的车轮滚滚向前，香蜜湖这片土地也在不断蜕变和升级，产业转型，面貌焕新，正逐渐成为深圳的城市新客厅。招商银行、华为数字能源、荣耀等业界翘楚纷纷落户，宛如繁花簇拥，为香蜜湖注入勃勃生机；深圳国际交流中心、国际演艺中心、深圳金融文化中心等项目正在兴建，待落成后将成为深圳的新名片。

未来，香蜜湖新金融中心战略平台加速构建，预示着这里将扮演更加关键的角色，成为展示深圳魅力的重要窗口，向世界呈现这座城市的创新与活力。

传承："拓荒牛"精神熠熠生辉

在南海之滨，时间仿佛是一支神奇的画笔，将昔日的边陲小镇勾勒成了一座璀璨夺目的现代化国际都市——深圳。历经40余载的风雨洗礼，这座城市的辉煌背后，有一群被誉为"拓荒牛"的基建工程兵，他们以青春和热血铸就了深圳的传奇。他们不仅带来了生机与活力，更为后来的居民树立了榜样，将那份坚韧不拔、勇于开拓的精神传承开去。

荒山野岭间建住家"宾馆"。 1979年，随着国家一声令下，中国人民解放军基建工程兵冶金系统先遣队挺进深圳。不承想，

基建工程兵乘坐军列南下深圳

迎接他们的是酷热难耐、蚊蝇滋扰、水源匮乏的艰苦环境。"这哪里是特区，分明是一片荒芜！"面对自然环境的严酷考验，他们没有丝毫退缩，反而激发出更坚定的斗志。在黄牛陇，也就是如今香蜜湖街道的竹子林片区，他们以竹为材，构筑起简陋的新家——"竹叶宾馆"，自此深深扎根，拉开基建工程兵建设深圳经济特区的序幕。

打下"深圳速度""深圳奇迹"的奠基石。从"竹叶宾馆"起步，基建工程兵在鹏城大地树立起一座座丰碑。

基建工程兵居住的"竹叶宾馆"

据不完全统计，特区建立之初的 3 年内，他们扛下了深南大道，第一栋超高层建筑电子大厦，深圳市委、市政府办公大楼等 160 多项工程重任，其中有 8 个项目荣获国家建筑工程最高奖"鲁班奖"。以原基建工程兵为骨干的深圳物业发展公司和中建三局一公司，率先在国贸六厦采用滑模施工技术，创下了 3 天建成一层楼的新纪录，成为"深圳速度"的起点。这些满腔热血的英雄们，用一砖一瓦搭建起经济特区的雏形，并将不怕吃苦、敢打硬仗的精神深深植入这座他们日夜奋战建成的"奇迹之城"。1983年，基建工程兵集体转业，许多人与"竹叶宾馆"产生了深厚感情，选择在这里安家。街道成立之初，就有 27000 名基建工程兵及其家属落户于此，主要居住在如今的竹林、竹园、香岭 3 个社区。

从"迷彩绿"到"志愿红"。岁月流转，当年那些年轻力壮的身影现已是满头银发，但他们心中的热情依旧炽热。许多老一辈的基建工程兵转而投身志愿服务行列，成为社区里最可爱的人。无论是调解邻里纠纷、免费理发等便民服务，还是参与修建凉棚等社区建设，总能看到身穿红马甲的老兵活跃在社区各个角落。其中就有赵志峰和他的儿子赵爱华这对父子兵，他们主动加入

香蜜湖街道退役军人红星志愿服务队助力高考

退役军人红星志愿服务队，两代人接力传承"拓荒牛"精神，在新时代继续发光发热。正如赵家父子所展现出来的那样，"拓荒牛"的故事并未因时代的变迁而结束；相反，它正以更加生动鲜活的方式延续下去。这份坚韧不拔、勇往直前的态度已然成为这座城市不可或缺的一部分，并且激励着一代又一代深圳人为创造更加美好的明天而不懈奋斗。

崛起：总部经济"新"欣向荣

漫步香蜜湖畔，目之所及是现代都市与自然美景交织而成的美丽画卷。远望，摩天大楼挺拔入云，街道上车流如织；近观，水面波光粼粼，绿草如茵，鸟鸣声声。在市中心腹地，这是一片难得将城市繁华与自然静谧完美融合之地。过去，香蜜湖以度假村闻名全国，水上双环过山车和当时亚洲最高的摩天轮，是无数人深圳的"初体验"。沧海桑田，曾经的游乐设施逐渐退出舞台。在福田区"三大新引擎"的强劲推动下，香蜜湖新金融中心拔地而起，这里正逐渐蜕变成为一个世界级的金融新高地和城市新客厅。

龙头企业落户，金融总部企业集聚。 在深南大道这条繁华的金融脉搏上，高楼大厦鳞次栉比，充满勃勃生机。其间矗立着一栋特别的大楼——招商银行大厦，尽管建筑面积不到 12 万平方米，但却创造了一年高达 298 亿元的税收，相当于每平方米创

深圳 78 街 全景画像（福田）

香蜜湖街道

香蜜湖街道高端楼宇

税 24.83 万元，为福田区地均税收的 107 倍，堪称"产金王"。招商银行，这颗由企业智慧孕育的金融明珠，自 2001 年起便闪耀在香蜜湖上空。它是银行业的领航者，是创新的弄潮儿，2024 年以卓越实力在英国《银行家》杂志发布的全球银行 1000 强榜单上高居第 10 位。招商银行如同一块强大的磁石，吸引了平安产险、泰康保险、光大银行、东海私募基金等众多金融界精英纷纷入驻，形成显著的产业集群效应和广泛的关联效应。随着这股金融浪潮涌动，金融业已成为辖区的支柱产业。近年来，香蜜湖街道金融业增加值约占街道总增加值的七成。

世界级新金融中心正在崛起。随着香蜜湖日益成为深圳金融行业的聚焦点，一幅匠心独运的香蜜湖新金融中心蓝图正徐徐展开。北区绿意盎然、开放包容的城市公园与高端会议交流平台完美融合，深圳国际交流中心已初见雏形，它面湖而生、向湾而立，未来将成为国际交往新平台。中区，国际一流金融街区、国际演艺中心、深圳金融文化中心等重量级项目即将拔地而起，与福田 CBD 并肩，共同绘制福田金融总部集聚区的辉煌蓝图。2023 年，香蜜湖新金融中心成为深圳首批金融业总部经济集聚区，"吸金"能力再攀高峰。一个宜居、宜业、宜商、宜游的示范城区，正以它独有的魅力向世界绽放

香蜜湖新金融中心（效果图）

光彩，邀请全球宾客共赴这场金融与自然的盛宴。

安托山数字能源总部经济集聚区。站在碧波荡漾的香蜜湖畔向西远眺，安托山巍然屹立。作为深圳市早期重大工程原材料的供应地，安托山历经多年开采，山体受损严重。经过不懈努力，如今山坡重新披上了绿装，生态逐渐恢复。安托山正以山体修复和景观生态建设为核心，致力打造"近零碳"片区。未来，安托山计划打造一个集生态、公益、文化于一体的博物馆群，包含约30个博物馆，总体量相当于故宫博物院。

在安托山脚下，安托山数字能源总部经济集聚区正如一颗璀璨的明珠，吸引着全球的目光。华为数字能源技术有限公司与荣耀终端有限公司全球总部在此并肩而立，汇聚全球顶尖人才和资源，共同编织新兴产业集群的宏伟图景。华为数字能源，作为能源革命的先锋，致力于将数字技术与电力电子技术相融合，其发展的清洁能源与能源数字化业务，正推动着全球能源行业的深刻变革。它的足迹遍布170多个国家和地区，为全球超30亿人口提供高效、清洁的能源服务，成为全球能源领域的佼佼者。荣耀，这个智能终端领域的领先企业，2013年作为华为的子品牌诞生，后于2020年被深圳智信新信息技术有限公司全面收购，开启独立运营的新篇章。起初，荣耀曾面临资金链断裂的危机，但如同黎明前的黑暗，其凭借技术创新和品牌重塑，成功转型为国有企业，并在短短3年内成为中国手机市场的领军品牌。到了2023年，荣耀的成绩更引人瞩目，发布了自主研发的MagicOS 8.0操作系统和具有70亿参数的"魔法大模型"，还通过高端旗舰手机Magic6系列和多项创新技术，实现了国内外市场的快速增长，中国荣耀正在走向世界舞台。

从废弃矿山到绿色总部经济集聚区，安托山的转变不仅映射了深圳城市发展的变迁，更是"绿水青山就是金山银山"绿色发展理念的生动体现，是新时代背景下城市更新和产业升级的缩影。

品质：山水园林交相辉映

香蜜湖街道紧邻福田 CBD，拥有得天独厚的自然环境和高品质的生活空间，堪称深圳人宜居向往的"白月光"。这里园林景观交织，绿化覆盖率达 53.4%，香蜜公园、园博园及 16 个社区公园如明珠般点缀其间，绘就"一山一水多园"美景。居民推窗见绿，漫步在绿道、碧道上，晨练的老人、嬉戏的孩童、散步的情侣，皆能在这里找到幸福角落。依托于优越的居住环境，街道汇聚了香蜜湖壹号、香蜜湖水榭花都、深业中城、东海国际公寓等 60 多个品质住宅小区，吸引了来自不同领域的杰出人士在此安家，共享高品质生活。

香蜜公园——中心城区里的"阿勒泰"。福田人也有自己的"后花园"，那就是坐落在香蜜湖西南边的香蜜公园，占地面积约 42 万平方米，绿化面积超 30 万平方米，是自然与人文融合的市政公园。园内绿道蜿蜒，串联起游乐场、体育中心、婚礼殿堂、展览馆及书吧等设施，构成一幅幅美丽的画卷。公园深处，阳光透过栾树叶洒落，微风拂过，声声悦耳。满园的郁金香、玫瑰竞相绽放，交织成色彩斑斓的花海，让人流连忘返。

最美的风景留给最相爱的人。爱情最美好的样子，莫过于"执子之手，与子偕老"。结婚登记本就是一件充满仪式感的事，在公园里完成这个仪式更是将浪漫值拉满。在香蜜公园，就藏着这样一座婚姻登记处。福田区民政局婚姻登记处自 2018 年 11 月入驻香蜜公园以来，迅速成为深圳的一处浪漫地标。这座建筑静静地依偎在湖边，纯白色的外观与自然景观和谐相融，阳光透过玻璃屋檐让这里显得更加柔和且温馨，一旁的中式礼堂，通过弧形大门将外面的山水美景框成一幅流动的水墨画。漫步园内，你可能会偶遇身穿婚纱的新娘和西装革履的新郎在镜头前相视而笑，也可能看

到年过花甲的老夫妇手挽手晒太阳，这些温馨的画面，让人感受到爱情的美好与永恒。福田区民政局婚姻登记处还推出"全城通办"、周日不打烊等多项措施，定期开展"福甜囍市"婚姻主题市集活动，为新人提供一站式婚礼服务。这里日益成为深圳人结婚登记的首选地，也吸引了不少游客前来"打卡"，被誉为"最美婚姻登记处"。

香蜜公园及园内的福田区民政局婚姻登记处

　　邂逅市中心的"世外桃源"。"曲径通幽处，禅房花木深。"在高楼林立的市中心腹地，还隐藏着一片"世外桃源"——深圳国际园林花卉博览园。其占地面积约66万平方米，于2004年对外开放，集中外园林园艺、花卉展示、大众文化、艺术等于一体，既适宜品味赏玩，又适宜郊游参观、学习考察，更可回归自然、修心养性、强身健体。园区复刻了100余个世界各地的园林景观，从徽派园林的粉墙黛瓦、江南园林的诗情画意、岭南园林的精雕细琢，到异域风情的外国园林，再到融合现代技术与中华传统智慧的现代园林，方寸之间汇聚各色美景，可谓是深圳的"大观园"。园内的聚福山上，坐落着弘福寺福塔。这座仿宋风格的石塔高53米，九层

深圳国际园林花卉博览园

八角，是国内目前最高的石塔，也是园内的标志性建筑。站在塔上，既可俯瞰全园景观，又能把深圳湾海景尽收眼底。

香蜜湖畔有朵凤凰花。如果说每一个湖泊都是城市的灵魂所在，那么香蜜湖则是深圳最为灵动的一笔。香蜜湖，这个名字本身就流淌着甜美。它静静地镶嵌在深圳市中心区的西侧、红荔西路北边。这个曾经用于灌溉的香茅场水库，现已变身为一片广阔水域，四周绿树环绕，景色宜人，宛如城市心脏中的一颗绿宝石。

"叶如飞凰之羽，花若丹凤之冠。"浅夏胜春，深圳市委党校内的一株凤凰木树冠浓密，一簇簇火红的花朵缀满枝头。自2006年随市委党校迁至香蜜湖畔以来，这棵凤凰木便以其青春挺拔的姿态，见证了岁月流转间党校的初心不改、弦歌不辍。党校秉持"守正创新、为党育才"的崇高理念，引领着一代又一代有志青年在知识海洋中航行。在这里，不仅有知识的传授，更有一种精神的传承。党校培养出许多先锋战士和改革闯将，他们身上承载着特区精神，勇立潮头，为深圳的改革开放和创新发展贡献自己的智慧和力量。当夜幕降临，湖畔的凤凰花与灯火相互映衬，仿佛在诉说着这座城市的故事，传递着一种永不言败、持续进取的精神。

中共深圳市委党校

温度：民生服务优质便捷

"双子星"辉耀香蜜。香蜜湖街道教育资源丰富，涵盖幼儿园至高中，其中深圳高级中学与深圳国际交流书院（简称深国交）并称"双子星"。深圳高级中学自1997年创办以来，以其卓越的教学质量和全面发展的理念闻名全国，目前已培养了37位高考省、市状元，超百名学子考入清华大学和北京大学。学校交响乐团连续10

深圳高级中学（集团）中心校区

年蝉联广东省冠军，并多次赴欧参赛获奖，特色教育成果显著。成立于 2003 年的深国交，是中国国际教育的重要代表之一。历经多年发展，其课程设置科学全面，师资力量国际化，现已成为牛津大学和剑桥大学在英国本土外的重要生源地。2024 年，深国交 180 名毕业生中，有 16 人获牛津大学预录取，32 人获剑桥大学预录取，成绩在全国领先。"双子星"不仅为深圳教育树立标杆，更为国家和社会输送了众多全面发展、具备国际竞争力的栋梁之材。

点亮光明，守护希望。 辖区内不仅教育资源丰富，还拥有全市唯一一所公立三甲眼专科医院——深圳市眼科医院，自 1983 年成立以来，成为无数患者重获光明的希望之地。医院集结了众多眼科领域的高水平专家，设有多个专业团队，覆盖眼科各个亚专科。医护人员以其精湛的技术和丰富的经验，吸引了来自各地的求医者。近年来，医院医教研防能力不断提升，连续 5 年获得三级公立医院绩效国家监测指标最高等级"A"级，是国家眼部疾病临床研究中心广东省分中心，为医学界输送了大量优秀人才，推动了眼科医学的长足发展。

调解百家事，情暖万人心。 在香蜜湖街道香安社区，有一个社区居民耳熟能详的名字——利东书记调解工作室，它是深圳市首个以社区党委书记名字命名的个人调解室，是社区居民遇到困难时首先寻求帮助的地方。不管是复杂的商业合同纠纷，还是邻里间的矛盾，王利东总能用一杯清茶和耐心倾听来平息争端，用负责任的态度将难题"大事化小，小事化无"。2021 年，辖区有 20 名外来务工人员遭遇欠薪，情绪激动。王利东得知后，立即带领法律顾问赶赴现场耐心安抚他们，同时协同相关部门积极与工程方沟通，成功将 33 万元工资如数发放。自此，利东书记调解工作室成为社区的金字招牌。目前已成功调处了 2000 多起纠纷，帮助追回近 2 亿元的欠款。这不仅带动了更多居民加入社区和谐建设中，还让香安社区获评"广东省法治示范社区"。

对话：国际交流异彩纷呈

抢抓机遇，国际风投创投街区应运而生。香蜜湖街道所在的福田区是深圳金融强区，作为全国三大金融中心区之一，具有打造区域性风投创投街区的先发基础。2022 年 6 月，香蜜湖国际风投创投街区亮相，成为粤港澳大湾区的首个创投街区。街区以深南大道的车公庙片区和东海社区部分街区为起点，以香蜜湖新金融中心为核心引擎，依托福田 CBD 的强大支撑，持续擦亮金融街区品牌。2023 年，街区推出"一站式"综合服务平台，大大提升国际化投融资对接效率，为企业提供了更便捷高效的服务，推动街区快速发展。预计到 2025 年，香蜜湖国际风投创投街区将基本建成一个国际化、市场化、品牌化的资本聚集区，不仅为深圳的金融发展注入新动力，还将为粤港澳大湾区与国际接轨贡献力量。

深港双向奔赴，掀起消费新风尚。香蜜湖街道的印力中心作为深圳的商业地标之一，汇聚了超 200 家品牌店铺，提供 LOFT 主题商业空间、美食主题空间、下沉式广场、阶梯式花园、屋顶平台花园等多元化休闲购物体验。随着"港人北上"跨境消费热的持续升温，印力中心以其舒适的环境、现代化的设施、贴心的

同 一 个 深 圳

发 现 另 一 个 深 圳

深圳78街·全景画像（福田）

香蜜湖街道

印力中心及山姆会员店

服务以及丰富的文化活动，在这次浪潮中占据一席之地。特别是商场内的山姆会员店，因高性价比和丰富的商品种类成为香港游客"北上"消费的热门选择，专门推出的超市购物短线旅游团经常满员，就连香港巴士集团都设置了直通山姆的巴士路线，山姆销售额不断攀升。香蜜湖山姆会员店的火爆，不仅反映了香港居民对高品质生活的追求，还展示了深圳作为粤港澳大湾区核心城市的国际吸引力和影响力。

百花齐放，文化多元共融。香蜜湖街道是福田区外籍人士最为集中的地方，汇聚了来自世界各地的高端人才。街道巧妙地将这一特色转化为优势，在国际化浪潮中乘风破浪，展现出独特魅力。在香蜜湖论坛上，来自全球的顶尖专家和学者齐聚一堂，围绕科技创新、经济发展等多元议题展开深入讨论，分享最新的研究成果，探讨实际应用中的挑战和解决方案，促进思想的交流和观点的碰撞。每年世界读书日，街道都会举办一场国际读书会，邀请各国友人一同朗诵诗歌、演奏音乐，共同聆听"香蜜湖之声"，感受文化的韵律。作为深圳市首批国际化街区之一，香蜜湖街道不仅是一个地理坐标，更是一个文化交汇的中心。无论是街头巷尾的异国风情餐厅，还是公园里的多语种对话，都彰显着这里的多元与包容。辖区内的国际学校提供了优质的教育环境，培

中外友人闹元宵活动

养了具有国际视野的新一代；社区活动则丰富多彩，从文化节到艺术展览，每一项活动都在促进中外文化的交流与融合。

从过去到未来，每个深圳人心中都有一个"香蜜湖"。随着深圳不断蜕变、焕新，一个新的"世界级"的香蜜湖正以日新月异的速度快速崛起。它的变迁与发展，牵动着深圳人的心，无论是普通市民还是商界三头，香蜜湖的每一个变化都会引起广泛关注。香蜜湖，作为深圳核心区域中的一块巨大"画布"，让人们在这里纵情泼墨，绘就无限梦想与荣光。新的香蜜湖，邀您共赴这场未来的盛宴！

莲花街道
Lianhua Subdistrict

　　见证特区变迁，莲花山以秀丽之姿屹立城市中央；融通政务民生，市民中心如大鹏展翅辐射四方；时代金融中心，深圳证券交易所跃动经济脉搏；城市文心所在，文化场馆星罗棋布荟萃文明精华——这里是莲花街道，是深圳的行政、金融、文化中心，见证着这座城市"春天的故事"。

　　2002年9月，莲花街道正式成立，坐落在深圳城市中轴线上，因莲花山而得名。辖区东起彩田路，西至香梅路，南临深南大道，北至北环大道，面积约7.75平方千米，下辖福中、彩虹、莲花北、景田、景华、紫荆、梅岭、狮岭、康欣、

　　梅富、福新、彩田 12 个社区，有 121 个物业小区、3 个城中村，截至 2023 年底，辖区常住人口约 18.34 万人。莲花街道以总部经济为特色，以金融、文化产业、现代服务业为主体，是深圳市人大常委会、深圳市人民政府等重要机构驻地，辖区驻有深圳证券交易所等金融机构，深圳市民中心、深圳图书馆等公共文化活动场所，以及深圳报业集团、深圳广电集团等重点媒体。

　　登上莲花山，在盛开的簕杜鹃簇拥下俯瞰莲花街道，一个世界级"城市会客厅"映入眼帘，各具特色的地标建筑坐落在城市中轴线上。莲花街道高端产业集聚、生态环境优美、文化氛围浓厚，代表深圳在全球 441 个智慧城市建设案例中突围，荣获 2024 全球智慧城市大会"宜居和包容大奖"，在深圳的城市中心焕发独特魅力，不断续写"春天的故事"。

莲花山下续写"春天的故事"

莲花街道

莲花街道位置示意图

一座山见证"春天的故事"

"一九七九年，那是一个春天，有一位老人在中国的南海边画了一个圈……"1994 年，一首《春天的故事》传遍大江南北，唱出了人们对改革开放的浓浓情怀，也唱出了人们对深圳的憧憬和向往。经过 40 多年的建设，深圳铸就了"敢闯敢试、敢为人先、埋头苦干"的特区精神，成为中国改革开放史上的璀璨明珠。

在莲花山山顶，矗立着中国社会主义改革开放和现代化建设的总设计师——邓小平同志的铜像。这是全国第一座由中央批准的以城市雕塑形式竖立的邓小平铜像，落成于 2000 年 11 月。他深情地注视着脚下这片土地，目光坚定、阔步向前，寓意着深圳在改革开放中始终要大步向上、大步向前。站在山顶放眼南顾，莲花山与山麓的市民中心形成了一条深圳城市中轴线，直指深港交接的深圳河，从中轴线两边蔓延开去，一幢幢摩天大楼拔地而起，"春天的故事"尽收眼底。

矗立在莲花山山顶的邓小平铜像

在莲花山的东南角，是建成于 2010 年的深圳经济特区建立 30 周年纪念园。走进纪念园，两块粗犷的巨石映入眼帘，寓意深圳 30 年前"开山辟石"的艰苦年代。三面弧形的厚重石墙上镶嵌着铸铜的浮雕，雕刻着城市景观和人物，新时代的深圳人如创业者、白领和义工，新时代的城市特色如钢琴之城、设计之都等，30 周年的重大事件均在浮雕上一一呈现。雕塑墙分别以《春天的故事》《走进新时代》《走向复兴》三首歌曲为主题，以深圳改革开放进程中的重大事件为主线，将重要人物群体、历史事件、城市建筑等通过具象写实的雕塑手法表现出来。"三段浮雕景墙、三首特区之歌、三十棵纪念树"犹如凝固而又生动的主题音符，谱写出深圳经济特区建立以来一幕幕令人难忘的篇章。

2012 年 12 月，习近平总书记在党的十八大后首次离京考察，就来到了改革开放前沿深圳。距离邓小平铜像不远处，在一片开阔的草地上，习近平总书记挥锹铲土、围堰浇水，亲手植下一棵高山榕。2020 年 10 月，深圳经济特区建立 40 周年之际，习近平总书记再次登临莲花山公园，向邓小平铜像敬献花篮。正如习近平总书记所说："改革开放创造了发展奇迹，今后还要以更大气魄深化改革、扩大开放，续写更多'春天的故事'。"

莲花山，承载着历史的厚重与未来的期望，见证了深圳从一个边陲小镇崛起为国际化大都市的传奇历程，也将继续见证深圳在新时代续写更多的辉煌篇章。

鹏城中枢跃动时代脉搏

从莲花山顶俯视，"深圳市民中心——莲花山"串联起了一个世界级"城市会客厅"，共同构成一道亮丽的风景线。深圳市民中心如同城市的心脏，与并肩而立的深圳证券交易所，共同为这座充满活力的都市输送源源不断的活力与激情。在这里，历史与未来交织，梦想与现实碰撞，奏响了一曲激昂奋进的时代乐章。

深圳市民中心——没有围墙的政府。开放与包容是汇集于此的人们对这座年轻城市最深刻的印象，一个开放的、标志性的市政建筑就是最直观的表述。深圳市民中心北依莲花山，南向深圳中央商务区，于2004年5月正式启用，是集行政办公、政务服务和博物馆等多功能于一体的综合性建筑。红黄蓝色的建筑如同"大鹏展翅"，尤为独特的是，这里不设围墙，将活动空间最大限度地提供给市民。漫步于市民中心主楼观光台通往莲花山的连廊之上，这里又变身成为市民的"街艺空间"。其磅礴大气的建筑风格，向世人展示着深圳的自信与朝气；开放共享和服务型政府的先进理念，传递着这座城市的包容与温度。它已然成为一张展示深圳历史文化、投资环境和城市形象的重要名片，展现着深

深圳市民中心

圳的荣耀与辉煌。

"高效办成一件事"的深圳节奏。喝一杯咖啡的时间，可以做什么？在深圳，一个商事主体可以在市民中心行政服务大厅完成业务的办理。深圳的城市理念不仅展现在建筑上，更重要的是落实到服务上。市民中心中区一层前部，是深圳市政务服务中心，东、西两厅共开设108个服务窗口，"高效办成一件事"的故事在此格外生动。在这里，深圳践行"以人民为中心"的服务宗旨，为企业和群众提供"一站式"高效便捷的政务服务，通过数字化、智能化手段，简化办事流程，提高办事效率，日均业务办理量超17万件，人均办理时长仅为12分钟，全市99%的政务服务事项实现"最多跑一次"。

这里的每一个窗口都传递着温暖与高效，每一次服务都书写着深圳速度与担当。

深圳证券交易所——辐射全国的金融前沿。1990年12月1日，深圳证券交易所率先开始试营业，成为新中国内地第一家集中交易的证券交易所。2014年，深圳证券交易所正式从罗湖区桂园街道搬迁至福田区莲花街道，奠定了福田金融中心区的地位。如今，深圳证券交易所坐落在深圳市民中心一侧，俯瞰着川流不息的深南大道，近35岁的它已跻身世界证券交易所前列。2023年，深圳证券交易所股票融资金额位列世界第二，股票交易额保持亚洲第一、全球前三，债券发行规模首次突破2万亿元，为实体经

深圳证券交易所

发现另一个深圳

深圳78街 全景画像（福田）

莲花街道

莲花街道商务楼宇群

济高质量发展源源不断地提供金融动力。

围绕着深圳证券交易所，51 家持牌金融机构和 130 家私募基金管理人集聚莲花街道。这里有年纳税亿元楼宇 23 栋，有深圳市地铁集团有限公司、中国广核集团有限公司等众多企业总部和龙头企业，汇聚了内地首批成立的五家基金管理公司中的两家——南方基金和博时基金。2023 年，辖区金融业营收 1500 亿元，增加值占福田区 40%。同时，现代服务业发达，聚集了 25 家会计师事务所、100 家律师事务所，驻有全国首个 CVC^① 创新中心，打造出福田 CBD 文化金融街区，形成了优质服务业产业集群，是深圳高端服务业发展核心引擎。

承载城市发展的记忆

描绘广东改革实践的光辉历程。 劳动者群像和现场摆放的人物雕塑形成自行车"洪流"，后面是"时间就是金钱，效率就是生命"的红色标语牌……在莲花山下的深圳市当代艺术与城市规划馆，这一经典历史场景展现在"大潮起珠江"展览中，记录了中国改革开放 40 年来广东经济社会发展的峥嵘岁月与丰硕成果。今昔图片

---

① CVC，全称 Corporate Venture Capital 的缩写，即企业风险投资。

的强烈对比，"新中国土地拍卖第一槌"等珍贵实物的陈列，展览照片、实物、视频等3234个展项，按时间顺序分为"敢为人先 勇立潮头""增创优势 砥砺前行""走在前列 当好窗口"三个部分，全面、生动和立体地展现广东改革开放40年的壮阔历程和辉煌成就。站在深圳市当代艺术与城市规划馆的高处俯瞰，深圳就像一艘巨轮，在城市发展的浪潮中乘风破浪，勇往直前。

从一座馆"看见"一座城。深圳有这样一个地方，它向人们展示了鹏城从古代到近现代千年来永不停歇的脚步，记录着这座城市丰富的民俗文化和波澜壮阔的发展历程，这就是位于深圳市民中心一翼的深圳博物馆（金田路馆）。馆内的深圳改革开放史展览，分为"敢闯敢试，杀出一条血路（1978—1992）""增创

深圳博物馆（金田路馆）

新优势，更上一层楼（1992—2002）""科学发展，走出一条新路（2002—2012）""勇于创新，夺取新时代中国特色社会主义伟大胜利（2012—　　）"四个部分，通过2500余件（套）代表性实物、1200多张图片、220余份历史文件和25份影视资料，全面地展现了这座璀璨夺目的创新之城改革开放发展的历史，深圳经济特区40余年的足迹在这座博物馆中"尽收眼底"。

播下一颗文化的种子。关山月美术馆，如一颗璀璨的文化明珠，镶嵌在莲花山的东南角，在自然的怀抱中散发着独特的艺术魅力。20世纪90年代初，关山月先生第一次来到深圳世界之窗参观，感慨画作若放在此处也可让全世界看到。说者无意，听者有心。在时任深圳市委书记厉有为的积极推动下，1993年，关山月先生决

关山月美术馆

定将自己的 813 件代表画作捐赠给深圳人民，深圳为此决定修建以其名字命名的美术馆。1997 年 6 月，关山月美术馆在莲花山畔建成揭幕，在 2011 年被文化部评为 9 家"首批全国重点美术馆"之一。如今，美术馆的藏品已达 5600 余件，举办大小展览超 900 场，吸引着众多艺术爱好者和市民前来参观，见证了深圳城市文化的发展，也见证了中国美术馆事业的繁荣。

中心区灯光秀——科技诠释深圳故事。每当夜幕降临，华灯初上，深圳的天际线被五彩斑斓的灯光点亮，莲花街道就成了璀璨夺目的夜景拍摄地。2018 年，为庆祝改革开放 40 周年，深圳首场主题灯光秀在福田上演，最佳观赏点就在莲花山山顶和市

中心区灯光秀

民中心广场。灯光秀以深圳地标性建筑为背景，通过 3D 视觉效果等高科技手段，讲述这座城市从一个边陲小镇发展成为国际大都市的传奇历程。目前，中心区灯光秀每年上演超百场，吸引市民游客超百万人次，最高峰时单日曾吸引约 21 万人次前来观赏，以科技打造的夜景名片不断向来自世界各地的游客展示这座城市的活力和魅力。

"文化绿洲"的华丽转身

以经济奇迹著称的深圳，在城市中心的位置，将黄金地段用来建造公共文化场所，献给热爱文化艺术的人们。在莲花街道，聚集了深圳图书馆、深圳音乐厅、深圳书城中心城和关山月美术馆等深圳重大文化地标，昔日的"文化沙漠"华丽转身为生机勃勃的"文化绿洲"。

阅读之城。早晨 8 点，深圳图书馆门前就排起了长队；直到夜深人静时，图书馆依然灯火通明，坐满了沉浸在书海世界的读者。行走在悄无声息埋头读书的人群中，你也会情不自禁地屏住呼吸，放轻脚步……深圳作为"全球全民阅读典范城市"，阅读早已渗透于市民的日常行为，并成为一种特有的生活方式。2006 年，深

深圳图书馆内部一角

圳图书馆新馆在莲花山南麓落成开放，图书馆南侧三栋黑色放射式建筑状若三本翻开的图书，东面柔美变化的水幕和三维玻璃曲面犹如韵律委婉的竖琴，刚柔并济，在阳光下熠熠生辉。走进图书馆，宽敞明亮的空间、整齐排列的书架，让人置身于知识的海洋。这里环境幽雅，周边风景秀丽，为读者营造了宁静舒适的阅读氛围。2023年末，深圳图书馆累计持证读者近500万人，当年接待到馆读者超300万人次，文献外借726万册次，各项数据居全国城市图书馆前列。深圳图书馆见证着深圳的发展与变迁，承载着无数来往市民的梦想与希望，是"文化深圳"的重要城市名片和标志，更是深圳这座城市不可或缺的文化地标。

深圳书城中心城

深圳书城中心城，是世界单体面积最大的书城。作为深圳最负盛名的城市文化客厅，深圳书城中心城从诞生之初，就体现了一座城市的价值选择。把最好的地方留给阅读，是一座城市的高贵与优雅，是尊重知识、崇尚文明的价值选择。2023 年国庆假期，书城客流量突破 77 万人次，销售码洋 272 万元，热闹非凡的景象彰显着其强大的吸引力。它对于深圳的意义，正如有人所言，好比卢浮宫之于巴黎，是一座城市引以为傲的文化景点。在这里，一道道动人的阅读风景不断上演，人们沉浸在书的世界里，感受着知识的魅力。

书城里的店铺换了一批又一批，但一直没变的是坐落在南区和北区的阶梯大看台，这里也是书城持续了 16

年的"深圳晚8点"节目主要活动场地。这一由深圳市委宣传部指导、深圳出版集团有限公司主办的市级重点品牌文化活动，为深圳书城中心城增添了更加绚烂的色彩。自2008年启动以来，已举办活动超6000场，梁晓声、王笛、麦家等文化学者，知名作家、媒体人、音乐人等纷纷做客分享，搭建起深入交流和共享的阅读平台，点亮了深圳文化夜空的璀璨星光。

爱乐之城。深圳音乐厅是深圳一座艺术的殿堂，自2007年落成以来，便如同璀璨的音乐明珠般闪耀在鹏城大地。音乐厅外墙采用"黄红青白黑"五色，充分融汇出东西方的文化韵味，是一座现代化的、专为演奏音乐而设计建造的音乐厅。正门的"黄金树"，与寓意文化森林的深圳图书馆"银树"，共同组成了象

深圳图书馆·深圳音乐厅

征中心区文化城的"城门"，设计感十足。17 年来，深圳音乐厅累计举行各类演出及活动 4000 多场，接待观众超 300 万人次。马友友、郎朗、王羽佳等著名音乐大师，以及柏林爱乐乐团、维也纳爱乐乐团、伦敦交响乐团等世界顶级乐团，都曾在此奏响动人的乐章。走进深圳音乐厅，仿佛踏入了一个梦幻的音乐世界。在这里，音符跳跃，旋律流淌，每一场演出都是一次心灵的洗礼，每一个旋律都是一段美好的回忆。

"音乐下午茶""美丽星期天"这两个普及性创新公益音乐项目，更是深圳音乐厅的一大亮点。10 余年的坚持，超 500 场精彩纷呈的演出，如同一场场音乐的盛宴，让 3000 余位青年艺术家、音乐学子有了展示自我的舞台，也让 30 余万热情洋溢的观众沉浸在音乐的海洋，共享音乐带来的快乐与感动。

探寻浪漫"花园城市"

漫步在莲花街道，仿佛踏入了花园之中。莲花山公园、彩田公园和 21 座社区公园散落在辖区内，这里有深圳首个宠物主题公园——景田北六街公园，以及首个交通科普主题社区公园——景田北七街公园，公园绿化活动场地服务半径覆盖率达 100%，为市民游客提供了广阔

游客在莲花山公园风筝广场放风筝

的休闲娱乐空间。

"花园城市"风光旖旎。自然与人文的交融无疑是莲花山公园最灵动的部分。风筝广场上，五彩斑斓的风筝在蓝天白云下翩翩起舞，风的使者承载着孩子们的创意与梦想；莲花湖畔，数百上千名来自深圳各地的人汇聚于此，他们手持歌集，倾情欢唱；金秋十一月，莲花山草地音乐节如约而至，整座城市沉浸在古典音乐的魅力之中……无论在风筝广场放风筝，或是在草坪上搭帐篷野餐，还是沿林间步道登上山顶欣赏 CBD 城景，都是深圳独特的城市体验。这里既有自然的宁静与美丽，又有城市的繁华与活力；既有历史的厚重与沉淀，又蕴含了未来的无限可能。

深圳簕杜鹃花展

深圳人的秋天怎能少了市花簕杜鹃。坚韧不拔、顽强奋进是簕杜鹃的花语，也是深圳的城市品格。始于1999年的簕杜鹃花展，于2003年移至莲花山公园开展，至2024年已连续举办了26届。每年11月，簕杜鹃盛开，到莲花山公园赏花成为全城期待的嘉年华。簕杜鹃花展从最初简单的花卉展示，到如今已发展为集主题花园、城市花集和文化活动于一体的城市综合性花展。2022年以来，簕杜鹃花展与深圳书展同步举办，花香与书香交织交融，影响力不断扩大。簕杜鹃花展观展游客单日最高超10万人次，花展期间累计接待市民游客超500万人次。

老街的"蝶变"从一杯咖啡开始。 在莲花街道景华社区公园旁，有一条不起眼的小街，名为"翠叶道"。在这条不到 100 米的道路上，却依次挨着开了 11 家网红咖啡馆，这里美上央视，成为附近年轻人工作、社交、休闲的聚集地。然而 3 年前，这条街道还只是一条隐藏在社区里的老街。在咖啡馆店主们的努力下，舒适美观的店面、特色鲜明的咖啡，吸引不少自媒体前来宣传，找到了流量密码。与此同时，街道结合社区公园、新洲红树碧道、莲花山公园等自然景观资源，举办咖啡沙龙、咖啡市集，为翠叶道连接多元场景，拉满文艺氛围，加持流量。2023 年，翠叶道获央视报道，网络点击量超 300 万，关注度、消费量提高 50%。

花园城市，不止绿和美。 社区公园一角，居民们围坐一处开展议事会，商议着社区大小事宜，眼中满是对美好生活的憧憬与期待；党员干部与居民围坐一起，品清茶、话家常、听民声；老旧小区加装电梯有效提升生活品质，让曾经的"悬空老人"不再困守高楼……在莲花，共建共治共享机制成效显著，智慧治理理念打造出韧性城市体系。2023 年，簕杜鹃花展、中心区灯光秀、深圳书展等精彩活动首次在莲花山同时上演，370 万人次的客流量带来巨大挑战，在街道与党员群众志愿者的携手下，成功保障了各项大型活动的顺利举办，交出大客流保障的高分答卷。在 2024 全球智慧城市大会上，莲花街道从 441 个智慧城市建设案例中脱颖而出，荣获"宜居和包容大奖"，成为全国唯一获奖街

深圳78街 全景画像（福田）

莲花街道

开在翠叶道上的一家咖啡馆

道。在这片充满活力的土地上，一幅幅基层治理的新画卷正徐徐展开，为城市的发展注入强大动力。

华强北街道
Huaqiangbei Subdistrict

2009 年 7 月，华强北街道成立，辖区面积约 2.47 平方千米，其中商圈面积达 1.45 平方千米。辖区东至红岭中路，南达深南中路，西临华富路，北接红荔路。街道下辖通新岭、福强、荔村、华红、华航 5 个社区，深圳地铁 1、2、3、6、7、9

号线共 6 条地铁线路贯穿而过，辖区有深南大道、华富路、上步路、红荔路 4 条交通主干道，深圳旅游观光巴士的人文历史红线、城市夜景蓝线均通达华强北。截至 2023 年底，华强北街道常住人口约 5.53 万人，商圈单日人流最高峰超过 100 万人次。

中国电子第一街 全球科技时尚地

华强北街道

华强北街道位置示意图

　　曾流传过这样一句话："华强北打一个喷嚏，可以让全国电子产品市场感冒。"华强北位于深圳核心地带，被誉为"中国电子第一街"，它不仅是中国电子产业的一颗璀璨明珠，更是无数创业者梦想启航的地方。在这里，每一处都蕴藏着科技与时尚的气息，每一寸土地都承载着时代的记忆、蕴含着创新的力量。华强北作为全球规模最大的电子产品集散地，经营范围辐射全国乃至东南亚、中东、中欧、非洲等 120 多个国家和地区。在华强北，你可以感受到那份独特的喧嚣与繁华，商铺林立，人流如织，每一天都上演着电子产业的传奇故事。

深圳改革开放的"开道尖兵"

在深圳改革开放的征程中，华强北从未缺席，一直紧跟深圳的步伐，如蝶之蜕变，一次次完成了华丽的转身，始终勇立潮头，引领时代风尚。它见证着深圳电子制造业的崛起和辉煌，从"三来一补"向高新技术产业转型，从上步工业区到"中国电子第一街"。可以说，华强北以独特的发展历程和众多开创性的成就，成为深圳改革开放的精彩缩影，向世界讲述了深圳改革开放波澜壮阔的发展历史。

内联外引集聚企业。 1979 年夏天，粤北 3 家军工企业（东方红机械厂、国营红双电器厂、国营先锋机械厂）来到了深圳福田，共同组建华强电子工业公司，主要做国外电子产品的装配生意。"华强"寓意"中华强大"，城市规划时，公司附近的一条路被命名为华强路，华强北因地处当时华强路的北段而得名。随后，华强北成为以"三来一补"为主的工业区，深圳首批中外合资企业纷纷落地此处。1980 年，由电子工业部牵头在华强北设立了一家合资企业——深圳京华电子股份有限公司，标志着深圳电子工业的起步。同年 11 月，京华电子公司第一条收录机生产线开始了试生产，深圳第一台 JW 牌收录机从此诞生。当时京华收录机、音响传统产业做到了全国产量第一，京华以 4100 万台的年产量成为全球最大录音机机芯生产商。

深圳电子工业扎根发展。时光流转，如今在深南中路林立的高楼旁，有一座略显老旧的建筑，已淹没在众多高楼之中，它就是深圳电子大厦。1981 年 1 月，20 层高的深圳电子大厦成为深圳历史上的第一座高层建筑。建设 20 层的大厦在承建的基建工程兵部队的建筑史上没有先例，在深圳市的建筑施工中也是首创。深圳电子大厦的总设计师程宗灏先生回忆道："所有的图纸都是我在露天亲自绘制和完成的。有一天，半夜里台风来了，我们用雨衣和塑料布把图纸裹得严严实实，一直守到天亮，才保住了图纸。"基建工程兵们在电子工业部和市委、市政府的支持下，硬是克服了重重困难，终于在 1982 年将电子大厦成功建成。深圳电子大厦作为中国电子产业的第一块里程碑，引领着深圳电子工业迈向快速发展的征程，在庆祝深圳经济特区建立 25 周年活动中，被评为"深圳改革开放十大历史性建筑"之一。1983 年，深圳天马微电子股份有限公司从香港引进了一条液晶生产线，标志着内地在液晶显示技术领域开启了新篇章。随后，爱华、振华、华发等一大批华字头企业纷纷在这里建厂，中航国际、中电信息、中广核等一批央企云集于此，为深圳电子工业发展奠定了重要基础。到 2000 年前后，华强北逐渐成为全国大哥大、彩电、MP4 播放器等电子产品的集散地。

电子交易市场掀起入驻热潮。1984 年，邓小平同志首次视察深圳就专程来到华强北，在中航的一家电子厂里，他饶有兴趣地观看了人和电脑下棋表演，表示计算机普及要从娃娃抓起。1985 年，电子工业部决定在深圳成立办事处，整合分散的小电子企业。到了 1986 年，中国电子工业第一家大型集团公司——深圳电子集团公司（后更名为深圳赛格集团有限公司）成立，实现了市场化运营，它旗下有桑达、华强等 117 家电子企业。1988年，赛格集团成立全国首家电子交易市场，突破了当时物资调配机制的局限，极大提高了电子供应链效率，有效填补了市场的空白，吸引了许多厂商的关注，入驻商户数量不断增加，规模不断扩大。电子交易市场陆续集结全国 170 多家厂商，其中包括 10家港商，以自营自销、联营代销的方式经营，经营范围涵盖电子元器件、仪器仪表等 12 大类 10 万个品种。此后，随着电子行业产销两旺，华强北片区的电子配套市场不断扩容，家电、数码、手机、配件、珠宝、钟表、服装等专业市场也相继涌现在华强北街头。

仓储式平价超市激活商圈潜力。1994 年，中国第一家仓储式平价超市万佳百货（后更名为华润万家）进驻华强北，开业当天以 24 万元的营业额创下当时深圳零售业最高纪录。超市的火爆场景一度成为华强北一景，顾客经常要排队进门，还要排长队买单，日营业额一度高达 300 万元。万佳百货的崛起是华强北繁荣的开篇巨作，是激活和带动整个华强北商圈的关键因素，推动女人世界、曼哈百货、紫荆城等商场如雨后春笋般出现，使华强北的商业价值被彻底激活，开始快速由一个工业园区转变为繁荣的商业街区。后来，"超市＋百货"的"万佳模式"被中国众多零售企业竞相模仿，经过 30 多年的发展，华润万家打造出万家、苏果等知名零售品牌。

闻名遐迩的世界"电子之都"

400 个元器件在硅谷需要两个月才能找齐，而在华强北只需要一天。华强北背倚着珠三角，是全国最大的电子产业基地，又依傍着深圳繁华的消费市场，形成了独具一格的地缘优势，逐渐发展成为中国乃至全球电子产业的重要节点之一。在这里，从产品的构思设计，到模具的精心雕琢，再到配件的完美生产，直至商品的销售流通，一应俱全，拥有着完整且成熟的产业链与供应链体系，犹如一首恢宏的交响乐，奏响着创新与发展的乐章。

享誉国际的"中国电子第一街"。提起华强北，大部分人的第一反应是那条熙熙攘攘、24小时不落幕的商业步行街。华强北步行街全长只有930米，早先只是上步工业区内的一条普通道路，每天匆匆穿梭于此的是最早来特区的一群拓荒者。随后，道路两旁的街铺越来越多，慢慢形成产业集聚优势。多年后的今天，这条商业步行街已今非昔比，沿街分布着以电子产品为主的商业经营单位717家，电子专业市场22家，其中经营面积在1万平方米以上的大型商场14家，现销售元器件种类超100万种。高峰时期，步行街日均人流量达到100万人次，日资金流量达10亿元，年营业额约300亿元，是深圳最繁华的步行街之一，创下了

华强北商业步行街

销售额、商业覆盖率、电子产品经营面积、电子产品经营种类等 4 个"全国第一"。近年来，华强北商业步行街获得国际信誉品牌、中国著名商业街、广东省级示范特色步行街（商圈）等称号。

频繁上演创业神话的"一米柜台"。电子元器件体积小，不需要太大空间展示和存放，一米左右的柜台就可以开展业务，"一米柜台"由此诞生。华强北的"一米柜台"是名副其实的创业奇迹舞台，诞生了 50 多位亿万富翁，小小的"一米柜台"，高峰期可以实现资金日流水过百万元。人们说，"抢到柜台就与'日进斗金'画上等号"。20 世纪 90 年代，"一米柜台"的火爆程度超乎想象，华强电子市场 6 万平方米的商铺招商发盘，在 3 个小时内被一抢而空，柜台每平方米售价最高涨到了 30 万元。华强北"一米柜台"的繁荣来自完整的产业链和"前店后厂"的产业模式，无论是品牌厂商还是配件企业，基本都会在华强北设置展示柜台，造就柜台商铺供不应求的局面。华强北的"一米柜台"犹如创业的起源地，承载着无数的创业梦想与故事，而海能达（海能达通信股份有限公司）则是其中令人瞩目的成功范例。1992 年，海能达的创始人陈清州在华强北"一米柜台"起家，靠着代理进口品牌对讲机的贸易业务积累行业经验。1995 年，海能达自主研发出中国首款国产品牌对讲

20 世纪的华强北"一米柜台"

机 C160，在对讲机领域崭露头角。短短 30 余年，海能达从小小柜台迅速崛起，蜕变为全球第二的专用通信行业引领者，现已在全球设有超 90 家分支机构，业务覆盖 120 多个国家和地区，在全球专网通信领域占据重要地位。

专业市场云集的"电子丛林"。2017 年，华强北商业步行街正式开街后，辖区已聚集专业市场 35 个，其中赛格电子市场、华强电子世界、都会电子城等 22 家电子专业市场尤为夺目，它们的总经营面积约 40 万平方米，销售的元器件种类超过 100 万种，共同铸就了全球最大的电子元器件集散地这一辉煌成就。2014 年，华强北社区基金会应运而生，它不仅成为这片区域持续优化营商环境的推动者，还通过每年举办的"诚信商家"评选活动，引领着近11万家企业商户共同守护华强北这块金字招牌，使华强北的"电子丛林"里充盈着诚信的风尚。良好的营商环境宛如和煦的春风，轻柔地拂过华强北的每一寸土地。在这里诞生了3个令人瞩目之"最"，这里有全国最早的综合性电子元器件专业交易市场——赛格电子市场，这里有全国最大的电子元器件集散地之一——华强电子世界，这里还有全国销售线下新手机型号最多的批发市场——远望数码商城。在如此卓越的营商环境中，这片"电子丛林"蓬勃发展，2023年华强电子世界在中国商品市场峰会上荣获中国"综合百强市场""功勋市场"双荣誉称号，展现出华强北的无限可能与机遇。

国际背包客的"采购天堂"。一直以来，"中国电子第一街"拥有一应俱全的电子元器件、琳琅满目的数码产品和极具吸引力的价格优势，成为国内外商客心中的采购胜地。漫步在步行街上，随处可以看到国际商客采购的身影，他们背着双肩包、提着行李箱穿梭在华强北的大街小巷，在专业市场的柜台前用不太标准的中文与商家们进行议价。近年来，到华强北购物消费的国际商客日益增多。据统计，2024年前三季度到访华强北消费购物的外国商客人次相比2023年同期翻了一番，日均达

外语志愿者提供服务

7000 人次。华强北商业步行街以"大额刷卡、小额扫码、现金兜底"为服务准则，不仅优化了外卡受理的环境，还增设了外币兑换服务，确保每位来访者都能享受到顺畅便捷的支付体验。辖区内还设置了双语标识标牌，打造"双语菜单"一条街，组建外语志愿服务团队，成立国际友人沙龙等，全方位无死角地为海外商客提供服务。

党建引领高质量发展的"探路先锋"。华强北的繁荣发展一直离不开党的坚强领导，在不同时期，党组织始终为更好更精准地服务华强北的各类经营主体提供了科学规划和政策支持。为解决商业区中流动党员长期处于无党组织管理的流动状态，2002 年成立华强北商业街党委，这是在全国大中城市著名商业街中设立的首个基层党委。2017年，在华强北商业步行街开街后，为抓住商圈新经济、新业态、新就业群体云集的特点，华强北商圈党委应运而生。2022年6月，为精准服务好商圈里的1.3万家小微企业、2.6万户个体工商户以及35家专业市场，全市首个街道"小个专"党委成立，并建成全市首个"小个专"党群服务中心，提供找市场找资金等"十大场景式服务"。从华强北商业街党委、商圈党委再到"小个专"党委的成立，都是党建引领高质量发展的生动实践。

华强北街道"小个专"党群服务中心

创新创业的"生态高地"

　　华强北是孕育科技创新、培植草根创业的活力之地。沐浴在改革开放的春风中，华强北开始孕育电子商务的种子，无数怀揣梦想的创业者汇聚于此。华强北人"求先求变"的脚步从未停歇，他们勇闯科技无人区，由原来"山寨"模仿到产业自主创新，完成了从"深圳制造"到"深圳创造"的精彩飞跃。在这里，无数梦想与奋斗的传奇篇章被书写，让我们细细聆听这些波澜壮阔的创业故事，重温当年那份激情与热血。

　　国际巨头的"摇篮"。华强北作为中国电子产业的核心地带，汇聚了无数的商机与希望，腾讯、普联、大族激光、海能达、研祥集团、同洲电子等50多家企业在此诞生，并逐步成为行业的领军企业。华强北是腾讯公司的诞生地，1998年，腾讯公司在华强北赛格科技园的一间30多平方米的办公室里成立了。1999年，以马化腾为首的5名年轻人推出了第一个"中国风味"的ICQ①——腾讯QQ，迅速受到用户的欢迎。尽管创业初期腾讯公司面临资金和技术上的挑战，甚至一度考虑出售QQ。但在马化腾的带领下，腾讯公司不断克服创业初期的种种困难，历经6年的奋斗，成功在香港联合交易所主板公开上市，由此成为一家世界领先的互联网科技公司。华强北见证了QQ的诞生奇迹，记录

---

① ICQ是国外最早的一种社交软件，是 I seek you（我找你）的读音缩写。

腾讯公司创业初期的办公地

了腾讯团队早期艰苦创业的珍贵足迹，目睹了"企鹅"走向世界。因业务拓展的需要，腾讯公司搬离了这片孕育他们的初创之地，但腾讯人敢闯敢拼的精神依旧留在这片热土，激励着华强北的企业勇攀科技高峰。

在移动互联网普及的当下，Wi-Fi 几乎无处不在，每当我们拿起手机并开始连接 Wi-Fi 时，时常会看到很多带有"TP-Link"前缀的名称。TP-Link（普联技术有限公司）实际上是一家中国的路由器品牌，还是全球最大的无线路由器制造商之一，它同样与华强北有着不解之缘。1996 年，普联公司的创始人赵建军在华强北租了一个小柜台做电脑配件，他凭借着对科技行业的敏锐洞察和不断开拓的精神，研发出可以匹敌 D-link、思科的路由器，创建了全国知名网络与通信品牌 TP-Link。如今，普联公司从华强北的一个小柜台，变成年销售总额 200 亿元、业务遍布全球 128 个国家和地区的跨国企业。未来，华强北有望孕育出更多的国际巨头，继续书写其辉煌的篇章。

硬件创新的"硅谷"。华强北辖区有经营主体约 11 万家，创业密度全市第一，企业活跃度高达 75.45%。有国家高新技术企业 147 家，还云集了中电智谷、智方舟、六洲置业、赛格众创等 14 家创新创业孵化基地。创新创业活动精彩纷呈，举办赛格众创空间海峡两岸青年创新创业分享会、中国电子"i+"创新创业大赛总决赛、华强北国际创客论坛、华强北创客跨境论坛、机器人实战训练营等活动，推动辖区企业创新创业发展。2024 年，深圳智方舟国际智能硬件创新中心已入驻 50 余家，包括可穿戴设备、智能装备、芯片设计和开发等类型的创新企业，其中 2 家企业分别获第三届 IAIC 中国芯应用创新设计大赛决赛三等奖和优秀奖。智方舟入孵企业朝上科技、箴石医疗、大象机器人包揽华秋第九届中国硬件创新创客大赛全国总决赛前三名。在华强北，像智方舟这样的创新创业孵化基地不胜枚举，它们孜孜不倦地为华强北的硬件创新注入新的力量和活力，不断创造出更多的发展机遇。

深圳智方舟国际智能硬件创新中心

文商旅融合发展的"斑斓画卷"

华强北街道地理位置特殊，辖区位于深圳市中心城区，是市委、市政协等重要机构的驻地，有邓小平画像广场、荔枝公园、赛格广场、华强北商业步行街等旅游资源。同时，华强北街区也是一个富有创意、时尚带感的城市乐园。白天，这里涌动着商业的活力浪潮，人们忙碌穿梭，智慧的火花在每一个角落迸发；夜晚，烟火气息袅袅升腾，与璀璨的灯光交织在一起，编织出一幅如梦如幻的画卷。让我们一同迈入这幅缤纷多彩的画卷之中，去领略其独特的魅力。

锣鼓喧天的"开市庆典"。"醒狮贺新春"活动是华强北辖区一年一度的盛大节日庆典，是一场联动街区众多商户参与、广受辖区商家好评的春节开市活动，至 2024 年已连续举办 10 年，成为华强北一道亮丽的传统文化风景线。每年在新春开市之际，"醒狮贺新春"活动就会在华强北商业步行街上举行，除了舞狮，现场还有瑞狮送福、采青巡游、中国鼓舞、经典粤剧等文艺活动，既弘扬传统文化，也顺应华强北广大商家企盼新年新气象、客似云来、财源广进的美好愿望。

百姓街头的"音乐殿堂"。这条被誉为"中国电子第一街"的步行街，近年来却因为街头摆放的钢琴而变得不同寻常。每当

"醒狮贺新春"活动

夜幕降临，华灯初上，华强北的街头便响起了悠扬的钢琴声，吸引了无数路人的目光。在华强北商业步行街上，6台公益钢琴错落有致地摆放在显眼的位置，供市民免费弹奏，人们只要愿意停下脚步，便可即兴弹出心中的旋律，或是欣赏一段美妙的琴声。每位走近华强北钢琴的人，都可以暂时抛却生活的烦忧，用音乐慰藉心灵。飘扬的音符将匆匆赶路的人们联结在一起，激荡出超越年龄和职业的共情与共鸣，勾勒出一座城市的浪漫与柔情。这些钢琴不仅为街头增添了一抹优雅的艺术气息，还吸引了众多钢琴和音乐爱好者前来"打卡"。公益钢琴运行的6年间涌现了建筑工人易群林、盲人张旦旦、钢琴小王子刘家鹏、钢琴爷爷陈云昌等多位本地网红。公益钢琴还多次获央视新闻专题报道，点评为"有温度的中国式现代化"，成为福田文化活动符号之一。

时年58岁的建筑工人易群林在华强北弹钢琴的视频在网络爆火，网友点赞称"这双手扛得起生活，弹得出浪漫"。视频中，易群林身着刚下工没来得及换的橙马甲，戴着安全帽，穿着沾满泥土的胶鞋，黑白琴键在他黝黑的手下跳动，《梁祝》《致爱丽丝》《恋曲1990》等一首首旋律娓娓传开。之后，易群林受邀到现场观看龙年春晚，还有幸得到钢琴家郎朗现场指导教学。

建筑工人易群林在弹奏钢琴

美食荟萃的"味蕾天堂"。华强北商圈是网红美食街区，荟萃着东南西北各地风味，既有星巴克、汉堡王等国际连锁品牌，也有西贝莜面村等国内新兴品牌，还有深圳人耳熟能详的繁楼、好当家、肥锅、明香酒家等本土大众品牌。辖区拥有餐饮店超1100家，其中朱光三火锅馆、子曰礼·茶居等网红首店超20家，10年以上老字号超30家，连锁餐饮企业总部数量在全区位居前列。一提到华强北美食，不能不提华强隆江猪脚饭。猪脚饭不仅

粤式早茶茶点

仅是一道美食，还是打工人的一种情怀。热气腾腾的猪脚饭肥瘦相间，口感丰富细腻，让人回味无穷。品牌老店深井华香鹅，也是华强北繁荣发展的见证者，周围的食肆店频繁变换，唯有华香鹅一直坚守，至今已有 22年。华香鹅的烧鹅外皮酥脆、肉嫩多汁，吃进嘴里，有肉汁充盈唇齿的幸福感；他家的叉烧肥瘦适中，边缘带焦，香气四溢。除此之外，还有装在"深圳""华强北"杯里的 BIG DEAL CAFE 咖啡、好当家的盐焗基围虾、蘩楼的粤式茶点等地域特色风味美食，让市民游客在此享受一场丰富的味觉盛宴。

历史文化交汇的"城市记忆"。 在华强北，你可以看到历史与现代的完美交融。邓小平画像广场、上海宾馆、荔枝公园等文化地标，不仅记录着深圳改革开放的历史，还成为这座城市不可或缺的一部分。当你走到深南中路与华富路的十字路口，就能看见一座拥有白色哥特式穹顶、蓝色玻璃外墙的欧式大楼，那就是上海宾馆。它曾是深圳城郊分野的节点，被誉为深圳的"坐标原点"。上海宾馆10楼的歌舞厅"夜上海"，一度成为深圳最具影响力的交谊舞场所，每到夜晚便热闹非凡。在深圳市文化局、深圳市规划局、深圳市旅游局和深圳商报社联合主办的"深圳改革开放十大历史建筑（2005）"评选中，上海宾馆以高票数位列榜首。由此可见，上海宾馆在深圳人心目中占据着重要

上海宾馆

地位，它不仅仅是一座酒店，也是一个车站、一个集合点、一段奋斗的记忆，它是"城市记忆的存储器"，是城市在发展时光中留下的礼物。继续沿着深南中路往东行，你会看到《孺子牛》雕塑坐落在市委大院门前。它不仅是一件艺术品，更是深圳经济特区精神的象征，雕塑中的孺子牛低头奋进，象征着深圳人民在改革开放中的无私奉献和辛勤努力。每当人们走过这里，便会被这座雕塑所传达的坚韧不拔、勇往直前的精神所感动。

继续沿着深南中路往东走，你将来到深圳博物馆古代艺术馆，它是深圳市博物馆的一个重要分馆。这座艺术馆不仅是深圳经济特区建立初期兴建的八大文化设施之一，还被评为"深圳改革开放十大历史性建筑"。在古代艺术馆前立着一座叫作《闯》的雕塑，表现的是一位肌腱发达的巨人，正用力推开一重大门，这座雕塑是继《孺子牛》之后的深圳第二代城市标志。

紧接着你将来到深南中路与红岭中路的十字路口，一抬头就能看到邓小平同志的巨幅画像，这是见证深圳改革开放的地标性建筑。1992年春，邓小平同志视察深圳、珠海等地，发表了著名的"南方谈话"。同年，深圳市在荔枝公园东南口广场设置了邓小平同志巨幅画像。40余年时光荏苒，深圳发生了翻天覆地的变化，这里的"小平画像"也经过4次改版，现在的画像上，改革开放的总设计师——邓小平同志身着浅灰色中山装，坚毅地凝视着前方，背景展现了深圳20世纪80年代、90年代及21世纪的地标建筑，以此讲述深圳的快速发展。这里还有一处"闹市绿洲"——荔枝公园，它因种植连片岭南佳果荔枝而得名，园内浓荫蔽天、闹中取静，园外琼楼广厦、车水马龙。荔枝公园是深圳历史最久的公园之一，已对外开放40余年。1982年建设荔枝公园时，支援特区建设的基建工程兵租来了两台东方红推土机，慢慢挖出了一个人工湖，就是现在的荔湖。如今，荔湖经过多次升级改造，增建揽月桥、音乐喷泉、激光水幕、绕湖的灯光夜景等设施，它们已成为荔枝公园重要的景观之一。

华强北作为全市首批国际化特色示范街区，辖区内还有华强北博物馆、赛格广场等众多旅游景点等待大家去探寻。据统计，每年有超过600万游客慕名前来"打卡"，到华强北旅游已然成为来深旅客直观感受深圳文化魅力的最佳途径之一。

深圳78街 全景画像（福田）

发现另一个深圳

华强北街道

一百年不动摇

邓小平画像广场

发现另一个深圳

深圳 78 街 全景画像（福田）

华强北街道

荔枝公园

福保街道
Fubao Subdistrict

　　若看向深圳与香港的交界处，会发现有一片区域如一个船锚般，立于缓缓流淌的深圳河北岸，这里便是深圳市福田区福保街道。福保街道位于福田区最南端，于 2009 年 7 月挂牌成立。辖区东起益田路、国花路、桂花路、福田口岸西广场边防巡逻路，北至滨河大道、福强路，与福田街道毗邻，西至新洲路、新洲河，与沙头街道

接壤，南邻深圳河，与香港新界隔河相望。辖区占地面积约 4.83 平方千米，下辖福保、明月、石厦、新港、益田 5 个社区，截至 2023 年底，常住人口约 12.37 万人。作为深圳中心城区最"年轻"的街道之一，福保街道的城市气息极具"未来感"，一幅开放、智慧、宜居、魅力的国际化街区新画卷在这里徐徐展开。

深港合作桥头堡 河套腾飞梦起地

福保街道

福保街道位置示意图

开放福保：深港合作前沿的科技创新高地

福田保税区，从仓储之地到科创沃土。谈及福保，就不由得联想到其辖区内的福田保税区，它是中国最早，也是全国唯一一个与香港直通直连的保税区。1991年，在改革开放的浪潮中，凭借着毗邻香港的地缘优势和先行先试的体制优势，国务院批准设立深圳福田保税区。

建设的号角由此吹响，工人们纷纷来到这里，一砖一瓦地建设福田保税区。到1993年，长达7.2千米的全封闭金属隔离设施正式投入运作。此后，众多外资企业纷纷在此落户投资，深圳早期"两头在外"的加工贸易也在此发源、聚集。到1997年，福田保税区开通一般贸易后，应税货物开始经由保税区进入内地，区内仓储物流产业得以快速发展，"两头在外、大进大出"的模式也逐步转为"一头在内一头在外、优进优出"的国内国际双循环模式。2001年，中国加入世界贸易组织，福田保税区如虎添翼，进出口贸易额不断攀升，多年来，福田保税区进出口总额始终位居深圳榜首。福田保税区成为深圳对外贸易的重要窗口。企业如雨后春笋般在这里扎根、生长，机器的轰鸣声、人们的忙碌声交织在一起，奏响了一曲充满活力的发展之歌。

随着城市的发展，曾经处在城市边缘的福田保税区逐渐被纳入城市核心区域，但单一的仓储物流产业及配套空间，成了区域发展的瓶颈。坑洼不平的路面上，货车来回呼啸，陈旧的建筑仿佛在诉说着过去的辉煌，也期待着新的变革。

时光流转，随着"河套深港科技创新合作区"国家战略的确立，处于河套深圳园区的福田保税区，在新战略布局下成为深港科技创新合作最直接的对接点。"租、购、改、建"多管齐下，福田保税区宛如破茧之蝶，迅速焕发新生机。穗莞深城际铁路（前海至皇岗口岸段）从福田保税区管理大楼下方穿过，让深圳园区与光明科学城、香港科学园等创新节点形成"半小时科研圈"，与广州、东莞、惠州等城市形成"一小时产业圈"。科研机构和企业如雨后春笋般生长，人工智能、生物医药、新材料等领域的创新成果不断涌现，跨境电商蓬勃发展，海外商品在这里汇聚，又流向全国各地。金融服务也为这片区域注入了新的活力，助力企业腾飞。福田保税区承载着深圳外贸"稳增长"和"促科创"的双重使命，正向着未来大步迈进。

深港河套，从"小河弯弯"到"科创引擎"。一河两岸，一区两园。河套深港科技创新合作区以深圳河为界，由约 0.87 平方千米的香港园区和约 3.02 平方千米的深圳园区构成。从无到有、从小到大，河套如何从"小河弯弯"蝶变为"科创引擎"？

在我国北方，河套平原由黄河及其支流冲积而成，成为广袤富饶的"塞上粮仓"。而在南海之滨，河套也因历史机缘"诞生"，从一片荒芜之地变身为深港合作的沃土。

1898 年，清政府与英国签署《展拓香港界址专条》，深圳河成为两地的界河。由于河床狭窄、河道蜿蜒，加上海潮影响，洪水宣泄不畅，历史上深圳河两岸经常洪涝成灾，加之一河两岸经济发展和城市化步伐的加快，深圳河一度水患横生、污染严重。为了守护这条共同的河流，1995 年，深港携手开展深圳河治理工程。1997 年，深圳河治理一期工程完成，截弯取直造出了面积约 0.87 平方千米的"落马洲河套地区"，就此埋下了深港携手开展科创合作的种子。

治河，在两地界河上架起了沟通的桥梁。长期的合作让深港双方加深了理解，增强了互信。2005 年，深港双方就河套地区的开发成立联合小组，研究河套地区开发的可行性。经过多年的探索和磨合，2017 年，国家战略的确立奏响了深港科技创新紧密合作的序曲，"落马洲河套地区"演变为"深港科技创新合作区"。两年后，河套迎来发展大年。"深港科技创新合作区"上升为国家战略，成为粤港澳大湾区唯一以科技创新为主题的特色平台。随后几年，中央密集落子、加速布局，深港合作开发意愿强烈，河套展现出协同发展的巨大潜力。

2023 年 8 月，国务院印发《河套深港科技创新合作区深圳园区发展规划》，为河套合作区深圳园区的发展绘制了"路线图"

河套深港科技创新合作区

和"时间表",河套深港科技创新合作区再度成为万众瞩目的焦点。

方寸之地,从"零的突破"到"集聚发展"。"嘀……嘀……"明亮的实验室里,机器声轻微作响。智能机械臂精准地抓取试剂瓶,将试剂准确加入反应容器中。各种仪器指示灯闪烁,实时监测着反应进程。传送带缓缓运转,将样本从一个区域输送至另一个区域进行检测。数据显示屏上,实验参数和结果不断跳动更新。科研人员坐在控制台前,专注地凝视着各项数据,不时进行微调。这是深圳晶泰科技有限公司的自动化实验室,这里如同一台精密的仪器,精准而高效地运转着,"AI+自动化"为原料药研发注入强大动力。

踏入河套深圳园区,你会发现像这样的科研场景园区内比比皆是。在这里,专业化园区、世界500强研发中心、国家级重大科研平台等如繁星闪烁,高端科创资源迅速汇聚。在这片充满活力的土地上,聚焦医疗科技、微电子、新材料等多个前沿领域,形成了六大科创产业集群。一个个创新成果不断涌现,展现出强大的活力与无限的潜力。全球首款数据流AI芯片在这里诞生、全球首个低成本L4级自动驾驶解决方案从这里提出、国内唯一自主研发的7T核磁共振成像系统也在这里亮相……这里处处洋溢着创新的气息。

深圳产业完备度高，香港科研实力雄厚，在科技创新合作方面，深港优势互补、潜力巨大。福田口岸1000米外，一栋具有港式风格的科创园区丛落在一片绿意之中。它是香港科学园深圳分园，一个由香港科技园公司主导运营、适用国际管理规则的科研空间。51家香港科技企业机构、创业团队集聚，安心发展。

深港融通，从"有界"到"无界"。2024年8月5日上午，在《河套深港科技创新合作区深圳园区发展规划》发布一周年的特殊日子里，港籍人才黄先生带着对河套的向往，踏上了河套

香港科学园深圳分园

深港科技创新合作区首班深港跨境直通巴士。巴士内环境舒适，黄先生手捧一杯咖啡，享受着这短暂而惬意的通勤时光。仅仅 35 分钟，他便顺利从香港科学园抵达了香港科学园深圳分园，如此高效的通勤让他能完美兼顾工作与家庭，他不禁感叹深港两地科研的"无界"与"同频"。

初到河套，黄先生便来到了"过河第一站"——位于长富大厦二楼的粤港澳大湾区国际人才驿站（河套），这里也是河套福保园区党群服务中心所在地。走入驿站，迎面便是福田区吉祥物"福鹭"，正在热情地向黄先生打招呼，贴心的双语导视让国际人才有回家的感觉。在服务专员的贴心指引下，黄先生申办了"人才优粤卡"，迅速获得了身份认同，消除了他初来乍到的陌生感。驿站内的"红马甲"还耐心地向他介绍引才"联络站"等各类特色服务空间和河套的创新创业环境。他了解到，河套地区人员、物资等创新要素跨境流动越来越便利，法制、税制等各项制度环境也令人惊喜，与港澳、国际接轨的一站式多元解纷体系已初步形成，税负环境也已逐渐与香港趋同，科研项目也有公平竞争的擂台……随着各类要素融通，河套合作区奏响了深港合作的"进行曲"，深港两地逐渐从基础设施等"硬联通"，迈向制度融合的"软联通"，进而达到心灵契合的"心联通"。

244

粤港澳大湾区国际人才驿站（河套）

越来越多的港资港企和国际人才，如逐梦飞鸟，纷至沓来，跨"河"研发。

智慧福保：科技融入生活的"未来城市"

你想象中的"未来城市"是什么样子？是天上地下处处遍布高科技，是 AI 应用场景无处不在，还是智能管家 24 小时陪伴？漫步福保，你会发现这些愿景都已成为现实，科技创新已经融入了居民生活的方方面面，"未来城市"的蓝图正在这里一步步化为实景。

数字孪生技术打造"四智融合"的智慧街区。开机成功，指示灯亮起，各类程序依次启动……早晨8点，迎着朝阳，在福保街道办事处楼顶，一架无人机缓缓离开机舱，沿着新洲河"巡逻"飞行。这是福保街道的"智慧员工"AI巡航无人机正在自主完成对辖区新洲河水域的巡查，在这一趟飞行旅途中，任何河道漂浮物、大件垃圾等水面异常，都逃不过它的"智眼"。现在无人机完成一次巡查，等同于过去巡逻人员约2个小时的工作量。通过每趟10—30分钟，每天每架飞机5趟的巡航频率，实现对辖区内重点区域的全方位覆盖。

除了无人机的"智眼"发现，这里还有分析问题的"智脑"、链接资源的"智网"、处理问题的"智体"。一张福保街道全域的数字孪生地图，让"四智融合"感知着城市每一个角落的细微变化，将城市运行中大大小小的问题快速解决，城市也变得像人一样，善观察、能思考、会学习、有行动。在这些智能技术的守护下，2023年，深圳河口国考断面水质首次达到优良水质标准，创历史最优水平，新洲河福保段水质稳定保持地表水Ⅲ类标准，过去居民们"闻河色变"的现象已然不复存在。

无人机巡河

　　"AI+"应用带来耳目一新的"未来生活"体验。"叮!"如果你是第一次来到河套的访客,那么你的手机便会马上弹出一条来自河套深圳园区精准投放的短信。指尖轻点,河套5G智慧服务平台跃然眼前,办事服务、文化娱乐、餐饮美食、园区住宿等多个栏目信息一屏统览。这是河套深港科技创新园区依托全域463个5G基站,打造的"AI+消息"应用场景,主动推送服务指引,实现从"人找渠道"到"渠道找人"的转变。进入河套5G智慧服务平台,访客可打开AR导览,用不一样的方式逛园区,也可在办事入口处快速查询创业就业、安居保障的政策支持……各类信息应有尽有,相关指引一目了然,了解和融入河套变得更快速轻松。除此之外,在街区道路,"AI-清扫"应用由"智眼"唤醒自动扫地机器人,其"目光"所及之处垃圾"无处遁形";

"AI+"应用场景

在市民活动广场，"AI+声场"应用通过音视频联动技术，实时监控着广场舞噪声扰民现象，成为居民安宁生活的"好帮手"……这些"AI+应用"场景，逐步构成了科技创新与居民生活同频共振的城市治理生态，驱动着福保街道驶向国际一流"未来城市"。

"i福田-福宝宝"，居民生活的智能助手。在福保，智慧的光芒不仅照亮了治理之路，更温暖地延伸至生活的每一个角落，突破了民生的"最后一公里"。当你打开"i福田-福宝宝"小程序，眨着灵动大眼睛的可爱"福宝宝"形象便会俏皮地映入眼帘。在福保生活的居民，只要通过这座"手指尖"的服务站，即可体验活动

i福田 – 福宝宝名片

报名、资讯快享、健康管家等多种服务。其中，"便民地图"板块堪称福保人专属的出行指南。配钥匙、修家电、补衣裳等日常小修小补服务，再也不用四处寻找，离家最近的服务点位会被精准推送。还有漫游福保、一键找"厕"、病有良医、吃喝玩乐等服务点位导览。企业在"虚拟园区"板块，可一键快速拨号解决诉求，免费发布招聘链接，实时开展法治体检……小窗口有大服务，"福宝宝"就像是一位永不疲倦的好帮手，事无巨细地守护着每一位福保人的"小幸福"。

宜居福保：全龄友好的温馨家园

水清岸绿，勾勒宜居底色。深圳河自东向西悠悠流淌，穿过福田保税区；新洲河自北向南潺潺而来，流经福保街道西侧。它们像两条绿色的绸带相互交织，成为福保水清岸绿的一道亮丽风景线。沿着新洲河，新洲红树碧道一路绵延，全长约 7.8 千米，与北部山林生态系统和南部海湾生态系统联通，形成通山达海的"山海绿廊"。该碧道是广东"万里碧道"、深圳"千里碧道"的重要组成部分，于 2023 年荣获中国人居环境范例奖。其

新洲红树碧道

中，坐落于福保街道的福民路至河口段是示范段，约3万平方米的绿道空间、1.5千米的空中栈道、5座人行天桥，不仅打通新洲河两岸快捷通行的路径，也成为辖区居民休憩的"天然氧吧"。每当清晨或黄昏时分，阳光洒在碧道上，勾勒出温暖的轮廓。年轻的情侣手挽手漫步其间，享受着甜蜜时光；年迈的老人悠然自得，来回踱步，感受着岁月的宁静。福保街道连续38个月位列全市市容环境测评榜单榜首，"最干净街道"成为福保的宜居底色。

童趣乐土，绽放宜居活力。在益田社区，有一个宛如童话世界般的地方——益田社区儿童友好乐园。它占地面积约2000平方米，以"一米高度"的独特视角精心打造而成，化童梦为现实。走进乐园，细腻的沙子在阳光的照耀下闪烁着微光，孩子们拿着小铲子、小桶，尽情地在沙池中堆砌着他们心中的城堡，笑声在空气中回荡。绿岛游戏区里，绿树成荫，各种新奇的游乐设施错落其间，孩子们像欢快的小鸟在其间穿梭嬉戏。林下休憩区静谧宜人，孩子们玩累了便可以在树荫下的长椅上稍作休息，享受这片刻的宁静。这里的每一个区域都充满着无限的童趣与吸引力，是深受孩子们喜爱的游玩场所。2023年7月，布隆迪总统夫人安热琳·恩达伊施米耶一行来到这里，被乐园内孩子们快乐玩耍的场景深深打动，深圳儿童友好的城市理念也从这里走向国际。

0—3岁婴幼儿养育难、托育贵的问题在福保街道也有了解决

益田社区儿童友好乐园

办法。这里有全市率先打造的"福宝宝乐园"托育品牌，形成极具辨识度的党群＋托育"社区带娃"福保样板。此外，辖区还制定了全市首个社区临时托育建设运营标准，让居民托得放心、托得安心、托得暖心。目前，辖区内5个社区党群服务中心均设置了普惠托育点，有娃的家庭可根据需要，就近就便选择托育点位，安心享受"家门口"的专业托育。

桑榆暖景，彰显宜居温情。想象一下，长者们前来就餐，无需经历等待工作人员计价的焦急，无需手忙脚乱地掏出手机操作，他们只需要轻轻一"瞥"，人脸识别系统即可帮助实现自动结算、无感支付、快捷就餐，轻松开启幸福"食"光。这样的场景在益田社区数字健康食堂已成为现实，这座全市首家社区嵌入式数字健康食堂（长者食堂），占地面积约 680 平方米，可同时容纳 220 人就餐，不仅解决了社区居民尤其是老年人"吃饭难"的问题，更是一场科技与人文关怀的完美融合。"健康、减碳、光盘"是食堂秉持的理念。它是一位智慧的营养师，可以根据就餐者的身体指标、医嘱、主要慢性病等信息，提供量身定制的营养餐，还会细心地分析每一顿饭的营养数据，让长者们吃得健康又安心。食堂系统还同步连入福田区长者助餐补贴系统，只要是通过长者饭堂补贴认证的长者，通过人脸识别即可享受补贴。食堂运营系统还构建了数据收集、分析、反馈的大闭环，借助强大的算法读懂就餐者的

全市首家社区数字健康食堂

心思，精准上线最受欢迎的菜品。即便行动不便的群体想来食堂就餐，也并非难事。福田区慈善会捐赠了2台"'益'启美好"便民车，提供免费接送服务，让"老有颐养"成为长者的"幸福标配"。

魅力福保：传统与现代碰撞的国际化街区

城市变迁的"见证者"。提及石厦村，人们便会想起石厦村中心那两棵大榕树，它们犹如磁铁，吸引着人们聚拢于树下，休憩闲聊。孩子们在树下嬉戏玩闹，一群棋友在一旁下棋，这是快节奏的城市里不可多得的悠然之地。微风轻拂，榕树上垂落的根须微微摆动，似在梳理其400多年的悠悠历史。

600多年前，福田区南部深圳湾畔的"打锡岭"，曾是赵、潘、莫、陈、李、张、龙、岑八大姓氏渔民的聚居之地，渐渐形成了石厦"八姓大村"的雏形。清代雍乾时期，面对外界的势力扩张与资源抢夺，八姓村民摒弃姓氏之见，团结一心，共同抵御外敌。为凝聚人心，石厦还建起了纪念北宋抗辽名将杨延昭的杨侯宫，成为石厦八姓村民的精神图腾，守望相助的情谊在岁月中沉淀。这里还有民国初年为防御外敌入侵而设的石厦上旧围碉楼，建于清代的潘氏宗祠和赵氏宗祠，作为区级文

石厦杨侯宫

物保护单位，它们安静地处于石厦村热闹的街巷之中，宛如一位位慈祥的老者，欣慰地凝视着城市的蓬勃发展。

天际线"彼此相连的手"。倘若我们如飞鸟般翱翔于高空，俯瞰河套这片神奇的土地，便会惊喜地看到科创与生态交融的美丽画卷。首先映入眼帘的是那一片片覆盖在建筑屋顶的绿意，仿佛为冰冷的钢筋水泥大厦披上了一层温暖的绿毯。这便是河套城市第六立面提升的显著成果。2024 年，随着深圳市政府对《河套深港科技创新合作区深圳园区法定图则》的批复，这里以"彼此相连的手"为独特规划理念，正逐步打造成为尺度宜人、疏密有致且充满活力的国际科技创新高地。

河套第六立面提升前

河套第六立面提升后

如今，河套第六立面超 4 万平方米的提升改造已经完成。深圳河宛如一条蓝色的绸带，成为连接深港的蓝绿廊道，使得一区两园在空间功能布局与建筑形态上相得益彰，尽显谐调之美。

"生态＋科创"的可视化结合令人眼前一亮。长富金茂大厦 1 号楼是一处独特的景观，从这里俯瞰，拆墙透绿等举措让生态元素巧妙地融入科技创新之中，仿佛大自然与人类智慧在这里相互交融。沿深圳河一侧错落分布着 8 个不同主题的屋顶花园，这里便是河套科创中心（原名深港开放创新中心）。科研人员在忙碌的工作之余，漫步于这"屋顶上的科学家乐园"，享受着舒适放松的环境，不断碰撞出思维的火花。

大湾区的"龙舟之约"。每年端午节期间，一场盛大的湾区端午嘉年华都会在福田区新洲河同创汇段华彩开启。福保街道依

"深爱·共进"粤港澳龙舟邀请赛现场风采

托粤港澳三地同根同源的深厚文化底蕴，隆重举办"深爱·共进"粤港澳龙舟邀请赛。来自广东、香港、澳门等地的龙舟队伍，似蛟龙破浪，奋楫争先，激活了大湾区青年的"龙舟情缘"，让湾区发展的磅礴力量以"龙舟"为媒，得以充分凝聚。

深港同心的"河套乐享"。在全市首个百人夜市英语角的现场，灯光璀璨，宛如白昼。外教活力满满地组织着猜价格游戏，"I guess this book is worth 30 yuan！"（我认为这本书值30元！）"I think the price may be higher."（我认为价格可能会更高。）深港青年纷纷响应，踊跃参与，现场气氛热烈非凡。紧接着，热闹的夜市拉开帷幕，小朋友们摆起了跳蚤市场，人们用英语询价、砍价、消费，交流声此起彼伏。灯光摇曳下，人群熙熙攘攘，欢声笑语交织成一片欢乐的海洋。这便是"河套乐享"（HT-FUN）品牌中的精彩活动——"河套英语角"，它创新性地开创了"Party式学习"的先河，自启动以来，已成功举办181期。在这里，国际人才相聚一堂，热烈地探讨文化差异，用心探寻文化交集，为国际文化交流搭建起了一个轻松愉悦的沟通平台。

"河套乐享"的精彩远不止于此，它还涵盖了众多丰富多彩的活动。"乐跑河套新征程，打造全球创新极"河套微型马拉松、"在河套，向云端"垂直马拉松、"河

河套英语角

湾荟萃"大型游园等系列活动，如同多彩的画笔，不断描绘着辖区企业职工和居民业余生活的绚丽画卷。"河套乐享"品牌如一根坚韧的纽带，以深港人才社群融合的形式，将一河两岸的深港青年紧密联系在一起，为河套这片土地源源不断注入活力与激情。

从科技创新的前沿冲锋，到智慧生活的细腻雕琢；从全龄友好的暖心营造，到传统现代交织的魅力绽放，福保用实力书写着当下的精彩篇章。过往成就已然在这片 4.83 平方千米的土地上筑起坚实基座。展望来日，福保街道定将秉持开放之姿，以科技为笔、人文为墨，在时代画卷上勾勒出理想人居的轮廓。

河套科创中心

后 记

　　街道作为城市的基本单元，是居民生活的空间载体，更是城市文化、经济、社会活动的微观缩影。本书围绕福田区的 10 个街道展开，深研基层党建、街道历史、人文地理、产业特点、民生服务等不同领域，结合特色案例，援引详实的数据和丰富的史料，全面展现了福田区各街道的立体形象和基层工作成效，有效宣扬了福田区的文化历史魅力。

　　本书是《发现另一个深圳：深圳 78 街"全景画像"》（11 册）系列丛书的其中一册。该丛书立足于深圳城市气质，全面深入调研了深圳市 11 个行政区（含新区、特别合作区）共计 78 个街道，是兼具人文价值和社会价值的城市文化主题系列丛书。

　　该丛书由深圳市委常委、组织部部长程步一同志担任总策划。福田区分册由曾雪莲、绳万青、吴振兴、王浚、唐汉隆、聂雄前和邱刚同志担任策划，燕珂、段嘉欣、王良、许其飞、薛志刚、许全军等同志担任项目统筹，陈少杰、蒋崇安、张红军、苏晓菊、何如、童姗、蔡晓、范磊、练佳其、辛文明、王汉伟、黄华吉、胡丽娟、马中民、武霄鹏、徐世鹏、张雪芸、朱莹、刘慎、满超洪、马华、徐海霞、鲍宇、王昊、赵诗琦、谢方皓、杨楚唯等同志负责执行、实施。书稿编写过程中得到了各级领导和有关部门的重视和支持，以及相关领域专家的倾力指导，在此一并表示衷心感谢。

该丛书由深圳市委组织部成立的调研组、编写组主持编写。景亚强、唐宇、熊英伟、赵立平、张云笛、潘如雪、王苗、龙天麒、程子航、聂骏、王楷、朱维超、袁涛、贺振洋、罗燕文、李晨、徐月玲、李晓雅、陈思、刁兴鲁、郑日辉、李思勤、金怡君、张明宝、刘佳宁、黄曼蓁、方琳、刘晓颖、吴薇等同志，结合一线的基层工作调研实践，收集、整理福田区珍贵的文件资料，形成了福田区分册的内容。

本书深入贯彻落实党的二十大和党的二十届三中全会精神，旨在以街道之"小"见城市之"大"，提升大众对城市文化的关注与重视。在这方面，希望本书的编写能起到抛砖引玉的作用，带动城市文化与城市基层治理深度融合，助力党建引领基层治理理论与实践研究大步向前发展。书中如有疏漏和不妥之处，恳请读者批评指正。

本书编委会

2025 年 1 月